銀行員・信金マンの人が育つ言葉

心を動かす95のメッセージ

大内 修 編

近代セールス社

はじめに

言葉には、人の心を動かし、導き育てる力がある。

職場での上司の言葉に、心を動かされ、その導きによって大きく成長できることがある。壁を乗り越えられることがある。


本書は、都市銀行、地方銀行、信用金庫の現役の役員や部長、支店長など枢要ポストでご活躍中の皆さん、あるいはそうしたポストを経て関連会社などの経営幹部になられている方々に、

「職場において、上司や先輩や同僚が話したどのような言葉に心を動かされ、導かれ、育てられましたか？　それはあなたがどのような状況にある時に言われた言葉ですか？」

「逆境にある時、上司や先輩や同僚のどのような言葉に救われ、それを耐え、乗り越えることができましたか？」

と、問いかけ、その「言葉」と、その時の状況をできるだけ「そのまま（ありのまま）」お話しいただき、それを収集して取りまとめたものである。

したがって、ここに掲載した「言葉」には、すでに人口に膾炙した格言や有名人のものではない。すべてが、オン・ザ・ジョブ、仕事の場で発せられた具体的な「言葉」ばかりであり、そこには、お話しいただいた一人ひとりの忘れ得ぬ思い出（エピソード）がある。


問いかけにご協力いただいた皆さんは、実に熱く語ってくれた。

上司や先輩が職場で語った「言葉」と、その時の自分のおかれた状況や心持ちとが出会い、それが「薫陶」となって、もやもやしていた心に道筋がついてやる気が出たり、実務・実践の指針や拠り所となってその後のレベルアップ（成長）につながっている。あるいは、職業人・企業人として生涯のバックボーンとなるような仕事への向き合い方や人生哲学を会得したり、マネジメント力やリーダーシップが強化できたり、苦境の壁を乗り越えることができたり、局面を変化させて突破口を開くことができたりしている。

本書は、こうして収集した九十五の「言葉」を五つの章に分類し掲載したものだが、いずれの章にも、若手から管理職、経営幹部に至るまで、実務・実践の現場において、自分自身のために、部下や後輩のために、すぐに役立ちそうな言葉が満載されている。見開きの右側には「言葉」を、左側にはその言葉がどんな状況にある時に誰から言われたのかを記載したので、読者は、まず右側をご覧いただき、目にとまった言葉、興味が湧いた言葉、面白そうな言葉を見つけたら、左側をご覧いただければ幸いである。

ところで、「言葉」を取材し、それを取りまとめていく過程で気付いたことは、取材させていただいた皆さんには一つの共通した特徴があることだった。

それは、職場において常に「より良くありたい」と願う誠実で謙虚な問題意識を持ち、高い向上心や改善・革新していこうとする強い意欲を持ち続けていることだった。その「言葉」を発した上司や先輩も立派だが、それと同等以上に立派だと思ったのは、その言葉を薫陶として受け入れ、自身の血肉としているご本人たちの前向きな姿勢だった。これは、編者にとってある意味感動だった。

部下や後輩に良かれと、心を込めてさまざまなアドバイスや指示をしたり教訓などを語っても、それがなかなか聞く側に伝わっていかない。こうした経験をされた読者は多いと思う。どんな「言葉」も、それを聞く立場にある側に、それを受容するだけの誠実さや謙虚さや、渇望するような強い問題意識がなければ、心に残ることはないのだ。

人は時間とともにある。目前で刻々と過ぎ去っていく時間にどう向き合い、どう使っていくか、どう費やしていくか、その「選択の累積」が「経験」として体内に蓄積していき、その人を形成し成長させていく。あたかも、日々何を食べるかの選択が健康な肉体を形成していくように。

「経験」が今の自分のすべてだ。

職業人・企業人であれば、その「経験」の大半は、最も長い時間を使い費やしている職場で蓄積していく。だから、職務（執務）時間にどう向き合い、どう使い、どう費やしていくか、その「選択」が極めて重要だ。

その「選択」に最も大きな影響を与えるのが、仕事の場における上司や先輩や同僚などの、「薫陶」となるような「言葉」や「行為（仕事ぶり）」である（反面教師を含めて）。

それゆえに、職場において常に「より良くありたい」と願う誠実で謙虚な問題意識を持ち、高い向上心や改善・革新をしていこうという強い意欲を持ち続けることが極めて重要なのだ。これが無ければ、どんな価値ある「言葉」も「行為（仕事ぶり）」も、ひたすら目前を通り過ぎるだけで心に響かず受容できず、自分自身の成長の糧にもならないのだ。改めてそう思う。

本書には成長へのさまざまなヒントがある。さまざまな場で読者のお役に立てることを願っている。

二〇一四年九月

編者　大内修

目次

銀行員・信金マンの
人が育つ言葉
心を動かす
95のメッセージ

第一章

仕事への向き合い方を教えてくれた言葉

1

経験が、君をつくっていく。
毎日をどう過ごすか、
どう経験するか、選ぶのは君だ。
経験は、君をつくるすべてだ。

入社して初めて仕えた支店長は、半年に一回くらいのペースで若手を集めた懇親会をやっていた。その場で支店長は、最新の支店の業績や銀行全体の状況、取引先のトピックスや自分の経験談などを話し、その後は参加者がそれぞれ自由に最近の仕事の様子や悩み、休日の過ごし方などを自由に話す。

そのような懇親会の場で、支店長がこう言った。

今までの経験の積み重ねで今の自分がある。経験してきたことが自分のすべてと言っても過言ではない。

毎日どのように仕事に向き合い、どのような仕事をし、どのような実績や結果を残すか。順調な時、有頂天になるか、むしろ気を引き締めさらに精進していくか。逆境の時、逃げようとするか、真正面から立ち向かうか。休日をどう過ごすか。すべて、選ぶ（決める）のは自分だ。その選択が経験を形成する重要なカギとなり、それが自分をつくっていく。日々の実務・実践は、自分の血肉となり、積もり積もって「実力」となっていく――。

含蓄のある話だった。非常に感動したことを鮮明に覚えている。

若い頃よい上司に出会ったことを感謝している。

（都市銀行役員R・M）

2

都銀に劣等感を持っているようだが、
僭越な話だ。優劣を決めるのは、
取引先やお客様である。
金融機関が看板の大きさを基準に、
勝手に自分で決めるものではない。

入社したての頃のことだった。都市銀行に入った者は信用金庫より「上」だ、信用金庫は都銀にはかなわない、そう勝手に劣等感を持っていた。ちょうどそんな時、研修の場で聞いた理事長の言葉がこれだ。

規模が大きいから優れている、小さいから劣っている、もしそんなふうに決め込んでいるとしたら、僭越極まりない話だ。優劣を決めるのは取引先やお客様であり、金融機関が看板の大きさを基準に自分で勝手に決めるものではない。

取引先やお客様は、自らの事業経営の繁栄や成長にとって、金融機関との安定した信頼関係構築が不可欠だと体でわかっている。だからこそ、メインの金融機関を選択する基準として、どこが金融のプロとして自社をより理解しようとしているか、親身になって生の声に耳を傾けようとしているか、気軽に相談に乗ってくれるか、頼りになるか、これらの点を最も重視している。

要するに、規模の大きさではなく、プロとして金融の基本的な役割をどれだけ誠実に果たしているかを基準に、メインの金融機関を選択している——。

金融の基本的役割を誠実に果たし、取引先から信頼を得る大切さを気付かせてくれ、内心に誇りを持たせてくれた言葉だった。

（信用金庫支店長T・M）

3

出身大学で評価が決まるほど、
実践の場は甘くはない。
重要なことは、どのような状況にあっても
着実に仕事の成果を出し、
周囲から信頼されるようにしておく
ことだ。これがないと話にならない。

入行してすぐのことだ。同期には一流大学の出身者が名を連ねていた。そんな中で、自分と同じ出身大学の経営トップや役員もおらず、内心に劣等感を感じていた。そんな頃、課長から言われたのがこの一言だ。

いずれ君もわかるだろうが、実践の場は、出身大学というレッテルで評価が決まるほど甘いものではない。

実務・実践の場における評価は、レッテルではなく、毎日の仕事への取組み姿勢、情熱のかけ方、その結果としての仕事の質や成果、要するに「中味」で決まる。日々の汗のかき方、知恵の出し方のわずかな差の積み重ねこそが、仕事の質や成果や実績を決定づけ、それが評価対象になるのだ——。

もちろん人事評価は、上司との相性、配属される場所や部門など運不運に左右されたり、学閥があったりして単純には語れない。だが、そうであっても、最も重要なことは、どのような状況にあっても着実に仕事の成果を出し、周囲から信頼されるようにしておくことだ。これがないと話にならない。そのことを学んだ忘れられぬ一言だ。

（都市銀行部長Y・H）

4

特定分野で強みのある人間は、
どの分野に行っても一流の仕事ができる。
この分野で「この人あり」と
定評を受けるよう自分を磨いていけ。

三十歳代前半の頃の話だ。その部に転勤になって既に六年が過ぎ、その道のプロになっていた。ちょうど新しいプロジェクトがスタートしたばかりだから、さらに三年程度転勤はなさそうで、そうなると九年もの長期間、同じ部にいることになる。

上司は二〜三年で転勤するから、任せて安心な長期在籍者は便利な存在になってさらに長期化していく傾向が強い。他の同期生は二〜三年で転勤を繰り返し、様々な職務をバランスよく経験して、将来のジェネラリスト、支店長や役員への階段を着実に上がっている（ように思えた）。それに比較して自分は、特定分野には強いが、もし支店に転勤になったら営業ができるだろうか、企業融資はできるだろうか。支店長になれるだろうか。

担当職務には自信もあり、周囲からも頼りにされていたが、将来を考えると不安だった。

そんな時、尊敬する役員から言われた言葉がこれだ。特定分野に強くなる手法を身に付けていれば、それはどんな分野にも応用できると言う。

部長や役員を見回してみると、確かに特定分野で「この人あり」と評判になったような人が多い。大いに勇気づけられ、仕事により一層励みが出たものだ。

（都市銀行役員O・T）

5

入行してから最初の五年間が勝負だ。
あと二年の間に、周囲から、
「彼に任せておけば安心だ」と言われる
レベルになれ。

入行三年余り経って、初めて異動した先の店で融資課に配属された。前任者は入社十年近い融資のベテランだったから、担当先には支店の根幹先もあり、やりがいはありそうだが、負担も重そうだった。

最初の支店は、慣れないことばかりであっという間に過ぎてしまい、融資業務にしても基礎は学んだものの、財務諸表の見方も甘いし取引先との本格的な交渉経験も不十分で自信はない。そんな状態でベテランの後任が務まるだろうかと、不安が大きかった。

そんな状況にあった私への支店長の一言がこれだ。

入行して最初の五年間に、周囲から「彼に任せておけば安心だ」と言われるレベルになることを目標に、融資であれば、取引先との営業折衝、財務諸表読解力、審査判断に必要となる定性情報の収集力、経営者の経営手腕評価力、諸情報を総合して的確に融資判断する力などを集中的に学び、時間をかけずに対応できるスキルを磨く。ひたむきに真摯に学習し、周囲の信頼を得られるよう継続的にとことん努力しろ。最初の五年間にどれだけ努力し、どれだけ苦労して、どのレベルまでいったか。そこで培った基礎体力によって、その後の仕事への取組み姿勢や成果の出方に大きな差が出てくる。最初が肝心だ——。

若いうちにこの言葉に出会い、本当によかった。

（地方銀行部長Ｈ・Ｉ）

6

のんびりと過ごしている時間はない。
「野心」を持て。
やり方が変わってくるぞ。

入社して二年ほど経った。その頃はまだ、自分の先々のことを考える余裕など全くなかった。漠然と「将来、支店長になれればいいな」と思う程度で、これといった目標もなく、ともかく目の前の仕事をしっかりとこなしていこう、という思いしかなかった。そんな頃、親しくしていた三年先輩から言われた。

入社して同じスタート地点に立ったその日から、社会人としての成長が始まり、同期との競争が始まる。だから早めに、「将来必ず支店長になりたい」「〇〇分野の部長になりたい」「役員になりたい」といった「野心」（志（こころざし）、夢）を持ち、強か(したた)にやっていく。成り行き任せもいいが、「野心」を持てば毎日の仕事への向き合い方が微妙に変わってくるぞ、と。

この話を聞いてから、同僚や同期生より実務習得のピッチを上げ、財務分析力を向上させ、上司、同僚との人間関係に気配りし、社内の下世話なうわさ話（人脈や派閥や評判）にも興味を持ち、アンテナを高くしておくようにした。

その後数年経ってから、融資関係の部長になりたいとの「思い」（野心）が芽生え、励んで、後年運良くそのポストに就くことができた。

「野心」は確かに仕事のやり方を変える。

（都市銀行部長Ａ・Ｔ）

7

お前は、ギブアップするのが早すぎる。
執着心が強ければ強いだけ、
より多くの価値ある経験が積めるんだ。

取引先課長になったばかりの頃、転勤してきた支店長からの厳しい一言。

当時私は、目標に向かって一応の努力はするが、途中で「これ以上は無理だ」となると、目標達成に向けた創意工夫（知恵）も営業活動（汗）もそこで終えてしまう、そんなことを繰り返していた。

しかし、この一言以降、部下と一緒になって、諦めず何としてでも目標を達成しようと執着心を燃やし徹底して努力するようにした。どうしたら達成できるか徹底的に考え、体を動かして営業に精を出すようにした。

これを繰り返しているうちに次第に鍛えられ、難題があれば、何とか乗り越えようと執念深く努力を重ねていくようになった。この努力は、途中で諦めるよりはるかに厳しく、多くの創意工夫（知恵）と営業活動（汗）と忍耐を必要としたが、やり方（手法）が少しずつ身についてきた。

つくづく思う。高い目標を何としても達成しようと立ち向かって挑戦していくと、途中で諦めることを繰り返していては決して身につかないような実践的「手法」を習得でき、次第に、何事に対しても動じない自信や強さや闘争心までもが身についてくる、と。

厳しかったが、ありがたい一言だった。

（地方銀行支店長Ｓ・Ｍ）

8

どういうプロセスで
その数字を出したのか。
プロセスに無理や問題があれば、
結果が出ても、俺はうれしくない。

取引先課の課長代理だった頃のことだ。

もともと、「プロセスなどどうでもよい、ともかく目標必達だ。結果を出せ」「結果さえ出せばそれでよい」、そんな企業文化が基本にある銀行だから、自分も、高齢の優良先にリスク商品を無理やり売ったり、親密先に不要な金を借りてもらったり、融資セットで不動産を購入させたり、結構荒っぽい営業をやってきていた。

はじめのうちは、「これでよいのだろうか、お客さんのためになっているだろうか」などと疑問に思うこともあったが、慣れてくるとこの感覚が麻痺してきて、ともかく目標達成、結果がすべて、というふうになってきて、強引な営業が続いていた。

そんな時、本部から新しい課長が転勤してきてこう言ったのだ。

はじめは、「きれいごとを言うな」と反発を感じたが、原点に立ち戻って冷静に考えれば、「無理のないプロセスを経て目標を必達、結果を出せ」というのは正論だ。

結果を気にし過ぎて、取引先やお客様に無理を強いたり荒っぽく強引に売り込んだりすることを繰り返していると、長い目で見たとき、後々のトラブルの種になることも多く、銀行の信頼を失うことに通じることも多い。

営業スタイルを変えてくれた一言だった。


（都市銀行支店長E・K）

9

お前はもっとメンタルを強くして、
自分に自信を持ったほうがいい。
自分の力を存分に発揮するために
メンタルが重要なのは、
スポーツも仕事も同じだ。

二カ店目に異動になって取引先課に配属された。その時仕えた課長が、「自分も若い頃、君に似ていたから」と前置きして言ってくれたことだ。

当時を振り返ると、同期や同僚と比べ、派手なことが嫌いで控えめ、物静かで目立たないほうだった。実績は結構良かったから、さりげなく自分をアピールしてもよかったのだろうが、口下手でそうしたことは苦手だった。打たれ弱いわけではないが、会議で自分の番がくると上がってしまうこともあった。損な性格だとわかっていても、これが自分の本質だからしょうがない、そう思っていた。

課長の言葉はこう続いた。一流のアスリートは、コアになる技術（実力）を徹底鍛錬する過程でプレッシャーやストレスに対処する術も身につけていき一流になる。仕事も似ていて、何よりも大事なことは、明確に「意識して意欲的に」担当職務に徹底的に精通し、成果や実績を着実にあげていくよう弛（たゆ）まず鍛錬していくことだ。この軸をしっかり持って成果を出し、経験を積んでいけば、次第に積極性、前に打って出る気迫も身についてきて、連れてストレス耐性も強くなってくる。ストレスに強くなれば、その分成果も結果も出やすくなる——。

若いタイミングでこのことを学び、自分を改良できたと思う。（地方銀行役員H・O）

10

「なぜ?」を三回繰り返さなければ、
真の原因には辿りつかない。

融資課の担当者だった頃、取引先からもらうべき書類を間違えていたことが内部監査で指摘され、課長の指示に基づき、その原因と再発防止策を報告した。これはその時、課長に言われた言葉だ。

事務ミスや、取引先とのトラブルが発生した場合、一回の「なぜ?」で真の原因究明に至ることはない。「なぜ?」を三回繰り返さないと真の原因に迫れない。

今回の場合も、一回の「なぜ間違ったのか?」だと、君の報告のように「原因はもらう前の確認漏れ、再発防止策は再確認励行」となる。しかしこれでは不十分だ。二回目に「なぜ確認しなかったのか?」。すると君は「所定の保管ケースから取ったから間違いないと思った」と言う。これでも不十分だ。「そのケースの中になぜ別の書類が混入していたのか?」。この三回目の「なぜ」が必要だ。すると君は「二つは非常に似た書類のため、ケースに補充する際は必ずダブルチェックしていたが、そのチェックを怠った」と言う。

これで初めて、書類ケースへの補充ミスが真の原因だったと分かる。つまり、再発防止策は、「ケースへ補充時のダブルチェック励行」「もらう前の再確認徹底」この二つだ——。

支店長になってからも、ミスやトラブルが発生すると、「なぜなぜ三回」を口癖にしている。

(都市銀行支店長O・O)

11

なぜすぐ報告しなかったんだ。
悪い情報ほどすぐ報告し、
上司に「共有」してもらうことが
一番大事なんだ。
君個人の問題じゃない。

取引先課の係員の頃の話だ。

商品説明の際、元本割れリスクの説明が不十分だった結果、わずかな金額ではあったが、取引先に元本割れが発生し「この損失を補てんしろ」とクレームを受けた。

事を大げさにしたくない、初歩的ミスで恥ずかしいから誰にも知られたくない。親密先だから何とかなるだろう、何とか単独で処理しよう。そう考えて上司に報告もせず、自力で謝罪を繰り返していたが、納得してくれない。時間が無駄に過ぎ、取引先の怒りは増すばかりだった。

クレーム発生から一週間ほど過ぎた頃、取引先が支店長のところに「O君に話してあるが埒があかない。元本割れをどうしてくれるんだ」と怒鳴り込んできた。

寝耳に水の支店長に事の次第を報告。支店長はすぐに動いてくれて、繰り返し誠実に謝罪した結果、何とか納得いただき事なきを得たが、その時の支店長の一言がこれだった。

内容の良し悪しを問わず、職務に関連するすべての情報は、「個人」ではなく「組織（銀行）」に属すること。速やかな対処を要する悪い情報ほどいち早く上司に報告して「組織」に共有してもらうこと。

若いうちに学んだ大きな教訓だ。

（都市銀行支店長K・O）

12

報告するかしないか、悩む問題ではない。
不正に大小はない。実損の有無も関係ない。
不正行為そのものが問題なのだ。

課長だった頃の話。

ある日、信頼していた部下から「着服をしてしまった。全額返済するので許してほしい」と告白された。その目には「何とか内密にしてほしい」との思いがあふれていた。金額は数十万円、全額回収できるし、当人の将来を考えれば不問に付しておいてやったほうがよいだろうかとも思った。しかし、実害はないとはいえ、不正行為そのものを許すことはできない。

そのような葛藤の中、支店長にこの事実を報告し、人事所管部門への報告をすべきかどうか率直に相談した。そのときの支店長の一言だ。

うやむやにしてしまえば、本人は犯した罪から学ぶことなく、再犯する恐れすらある。支店としてはその不正行為の手口を十分究明できず、再犯防止策を講じることもできない。アリの一穴で巨大な堤防が崩れるという逸話があるが、まさに不正（着服、横領、詐取等）は、その金額の多寡、回収（実損）の如何を問わず、決して見逃してはならないし、許してもならない。

当たり前のことをきっちり行っていくことの大切さを学んだ一言だ。

（地方銀行支店長M・Y）

13

君はこの人物に面接したか。
それがこの評価か？
評判に頼るようでは、
君に来てもらった意味はない。

人事に関する「評判」は、仲間内の夜の酒場、夜の飲み会で形成される。酒場は常に「にわか人事部」になって、上司や同僚、部下などの人物評が始まり、盛り上がる。アルコールも入っているから皆言いたいことを言い、特定の人物に対して厳しい評価も出る、高い評価の出る者もいる。その裏に、派閥や学閥維持を狙う思惑も結構ある。

こうした、さまざまな飲み会の評価が「評判（風評）」になって、一度も会って話したこともないのに「Aさんはキレ者らしい」「Bさんは豪傑そうに見えるが実は意外に小心者で決断ができないらしい」「Cさんの企画力はすごいらしい」「Dさんは頭取のお気に入りらしい」など評判が独り歩きしていく。

人事部に配属されてすぐのころ、自分の人事評価が、こうした「評判」に頼りがちになっていた時、それを見抜いた人事畑の長い人事部長から言われた一言だ。

「人」をできる限り公平公正に評価し、適材適所を実行し、人材を育成して伸び伸び働いてもらう基盤を構築すべき人事部が、人を「評判」に頼って評価しているようでは、行員から信頼を得られないばかりか、それを続けていれば銀行の力も落ちていく。

人事は厳粛に臨まなければならない、ということを心底から学んだ身の引き締まる一言だった。

（都市銀行役員Y・K）

14

納得して決まったことに、後から陰で、「この方針には反対だったんだ」などといつまでも文句を言っていてはだめだ。チームが乱れる。

本社の次長だった頃、ある企画に対して部内にはさまざまな異なる主張があった。議論を尽くしたうえで一つの方針が決まったが、自分はその方針には依然として反対であった。もちろん、部の最終方針として決まった以上、それに沿って、担当ラインの役割分担を完璧に果たすよう取り組んでいかなければならない。それは分かっていた。にもかかわらず、「この方針には反対だったんだ。俺の主張のほうが適切だった」などと、いつまでも陰で文句を繰り返していた。

そんなとき、部長からこう言われた。

組織はチームワークだ。メンバーの一人でも後ろを向いていれば、その分チーム力は削がれる。決まったことはチーム全体で共有され、チーム構成員全員が同じ方向を向き、その方針が実現できるように取り組んでいかなければならない。決まった方針にどうしても納得できないなら、堂々と再度議論したいと言えばよい。

そして最後に言われたのがこの言葉だった。

猛省した。そして、二度と陰で文句を言うようなことはしない、と心に誓った。

（地方銀行役員O・I）

15

君のミスで皆に迷惑をかけているんだ。
傍観しているだけじゃなくて
当事者意識を持って動け。
担当職務については常に
君が「最終責任者」なんだ。

入社して半年ほど経ってからのこと、通帳への記帳ミスをしてしまい、訂正処理をしたうえで、上司に同行してもらって取引先に謝罪に行かなければならないことがあった。ミスしたことを上司に報告した後は、「ああ困ったことをしてしまった」という思いで頭がいっぱいになって、訂正処理、取引先への連絡、謝罪のための取引先へのアポイント取りなど、事後処理はすべて先輩や上司にやってもらってしまい、自分は傍でただ見ているだけだった。

そんな時、上司から言われたのがこの一言だ。

確かに、自分がミスを犯した張本人、という強い「当事者意識」を持っていれば、いくら新人とはいえ、上司にミスしたことを報告する時には、同時に、その後の段取り程度は自分の考えを説明し、上司のアドバイスを受けながらその指示に従って対応すべきであった。訂正処理も取引先へのアポイントも独力でできる範囲のことだった。

新人であろうがベテランであろうが、担当職務については、常に「自分が最終責任者である」というしっかりした自覚、当事者意識を強く持って真剣に取り組まなければならない。その意識が強い者ほど、仕事の質が高くなり、周囲の信頼も厚くなる。それを学んだ貴重な一言だ。

（地方銀行支店長S・H）

16

仕事は、すべて「やってなんぼ」だ。

融資業務を管轄する部門の調査役だった頃、ミスが多い業務プロセスを改善するよう次長から指示があり、関係者が集まりさまざまな議論を繰り返し、やっと「それではこの方法で行こう」と決め、次長の了承も得た。

ここまではよいのだが、実現に向けての役割分担や、その進捗状況を誰がどのようにチェックしていくのか、実施（実現）期限をいつにするか——こうした具体的アクションプランがなかったため改善は一向に進まなかった。指示した次長も、指示したこと自体をすっかり忘れてしまっているようだった。

立派な議論がある割に、何事も言いっ放しで終わり、物事が一向に前に進まず、改善が進まない。口先だけは元気がいいが、それを実現して実務で実践できるよう落とし込む力が足りない。指示した方も、ほんの思い付きだったのだろうか、指示したこと自体を忘れてしまう。そんなことを繰り返していた。そんな状況を見かねた部長からの一言。

「百の議論より一つの実行」という。ビジネスでは、百の議論は欠かせないが、その議論の結論や方針は、必ず実務・実践に落とし込まなければならない。指示する側も実現するまでは、指示したことを決して忘れてはならない。

仕事の何たるかを学んだ忘れられない言葉だ。

（都市銀行部長Y・H）

17

苦手だからといって、
敬遠するな。遠慮するな。
懐に飛び込んでこい。

本部次長時代のことだ。

所管する役員は、誰からも一目も二目も置かれている、とびきり優秀な人だった。仕事に厳しく、常に要求水準は高い。自分に厳しく部下にも厳しく、中途半端は直ちに見抜いてしまう。勉強しているし人脈も広いから、情報が豊富で先見性がある。金融マンとしての見識が広いから取引先にも人気が高い。攻守にバランスが取れていて非の打ちどころが無い役員だった。

唯一の欠点は、近寄り難い雰囲気があること。

その役員の一言だ。

少数の親しい仲間だけの情報に頼っているリスクを肌で感じていたのだろう。できるだけ多くの部下の生の意見や声を聞き、判断をより的確にしたいと思っていたからだろう。敬遠しないで懐に飛び込んできて何でも言ってほしい、と願っていることを知った。

近寄り難い上司にこそ、遠慮せず積極的に懐に飛び込んで本音で当たっていくべきだということを学んだ。

（都市銀行支店長Ｈ・Ｓ）

18

君の顔つきを見ていると、
何となく仕事を頼みにくい。
「気軽に頼まれる」ように
ならないと、
一人前とは言えないぞ。

三十歳を少し過ぎ、本部管理部門の調査役だった頃のことだ。
自分一人の仕事でも精一杯なのに、そのうえ何か新しい頼まれごとでもされたら面倒だし大変だから、忙しそうな顔をして「頼みにくい」雰囲気を出し、最初から防御線を張る。そんなスタイルの仕事ぶりだった。それを見ていたのだろう、かわいがってくれていた役員から言われたのがこれだ。

頼む側からすれば、まず、心が開いていて話しやすく、何を頼んでもいやな顔をしない人を選ぶ。そのうえで、頼めば必ずちゃんとやってくれる、自分でできないことは、できそうな人に頼んだり相応しい人を紹介してくれる、そんな責任ある対応をしてくれる人を選ぶ。

この二つの条件を満たすと「頼みやすい」人になるが、これは、行内で「仕事ができる」と評価されている人と同じなんだよ――。
「頼みにくい」雰囲気を繰り返し出していると、次第に頼まれなくなり、頼りにされなくなり、さらには疎んじられるようになってくることすらある。
「気軽に頼まれる」ことは、自分が組織の中で一定の評価を受けているバロメーター。そう考えるようになって、視界が開けてきた記憶がある。

（地方銀行支店長H・S）

19

面と向かって大きな声を出して、
ワイワイガヤガヤ会話しなさい。
大事なのは、「傾聴と会話」だ。

営業推進を担当する部門なのに、部長がいつもしかめ面をしている学研肌の静かなタイプだからだろうか、部内はいつもしんと静まり返っていて会話が少ない。目の前にいる同僚とさえ会話せず、メールのやり取りで済ませている。多くの部員は、支店を訪問して情報を収集することもなく、ひたすら机上でパソコンを覗き込んで仕事をしている。部内打合せも活発な議論はなく、元気がない。

こんな「静か」な状況で、競争相手を打ち負かす業績進展施策や企画が打ちだせるだろうか。そんな疑問を持ちつつ調査役として二年程度やってきた頃、部長異動があった。

新部長は、支店長として優れた実績を残してきた有名人だったが、最初に話した一言がこれだった。

チームを強くするには、他人の話に耳を傾け、自分も主張する「傾聴と会話」、自由闊達なコミュニケーションが欠かせない。多様な意見がぶつかり合うことで、優れた企画や施策が出てくる。チームの一体感も形成できる——そう言った。

「傾聴と会話」。支店経営においても最重視していることの一つだ。

（地方銀行支店長Ｓ・Ｈ）

20

下を向いてメモばかり取っているな。
俺の顔を見て、俺の話を真剣に聞け。
メモしておいてほしい時には、
「ここはメモしとけ」と言うから、
その時だけ書けばよい。

相手の話はしっかりメモしておけ。新人研修でそう何回も言われた。支店に配属されてからも、会議の席で課長が話をしている時、メモを取っていないと、「ちゃんとメモしとけ」と叱られた。しかし、入社二年目に転勤でやってきた新しい課長が、会議の席の第一声で言ったのがこれだった。

取引先との会話で得た重要な情報は、忘れぬよう都度メモするのが実務の基本であることは間違いないが、上司が話し始めると、皆一斉に下を向いてメモを書き始める（そうしておけば上司は満足する）、これには私も大いに疑問を感じていただけに、この一言はまさに、我が意を得たり、だった。

発言を追いながらメモを書いていると、手は動いているが頭の中は空っぽで上司の話など何も残っていない。しかも、毎日忙しいから、以前上司が何を言ったか、後日そのメモを見て思い返すことなどほぼ皆無だ。

課長の言うことは正しい。

部下を持つようになってからは、記録しておいてほしいことはあらかじめ自分でメモをつくって配っておく。頭の隅にでも残っていればそれで十分、といった話は自分の顔を見てしっかり聞いてもらうようにしている。

（地方銀行支店長H・T）

21

お客様の「ため」になるかどうかではない。
いったんこちらの立場を離れ、
お客様の「立場になって」考えるのだ。

三十歳になったばかりの頃、本部商品開発部門に在籍していた。どのようにしたらターゲットとする取引先やお客様の「ために」なるだろうか、という観点に立って、新しい商品やサービスを開発したり、既存商品やサービスの拡販策を立案していた。ある商品を企画したときだった。「この商品は○○の点でお客様のためになる」と説明したところ、所管役員から言われたのがこれだった。

「ために」は、思考の原点を金融機関（自分）の立場に置いたままだから、「自分のできる範囲内（たとえば、システム修正が不要な範囲内）」かつ「自分の都合（狙い）が叶えられること」が前提になっている。

そうではなく、いったん自分の立場を離れ、自分が取引先やお客様だったら金融機関に何をやってほしいか、何を望むか、どんな商品やサービスが欲しいかを考える。それが本来あるべき姿だ。自分（金融機関）の引力圏を脱出し、お客様の立場に立って、相手（金融機関）に何を望むかを考える――。

言うは易く、行うは難し。なかなか難しいことだと思ったが、目が覚めた思いだった。他業界を見てもそうだが、これができるかどうかで、わずかずつだが競争力にじわじわと差が出てくるのだと思う。

（地方銀行役員O・K）

22

新しい施策を打つのなら
まずは現場の声を聞くことだ。

融資関連部門の調査役になりたての頃、当局指導方針の変更に対応するため、取引先の融資格付けに関する新しい手続きを制定した時のことだ。支店の融資担当から、「こんな手続きでは現場は回らない」「取引先にどう説明するんだ」「他の金融機関はこんなことやっているのか」など猛烈な反発を受け、すぐに大幅修正しなければならなくなった。

その混乱を見た、この分野の経験豊富なベテラン部長から言われたのがこの言葉だ。

机上で、「これで現場も回るだろう」と自信があっても、現場（支店担当部門や取引先等）に与える影響が大きい重要な手続変更を行ったり新たな手続きを制定する場合には、原案が出来上がったらすぐに、最前線で取引先やお客様と接し日々その手続きを行っている現場の担当者や係長や課長にチェックしてもらう。実務に支障や混乱が起きないかどうか慎重に確かめ、意見があれば丁寧に耳を傾け、無理があるようなら必要な修正を加える。このようなプロセスを必ず加えて慎重に仕上げていくことが欠かせない、と。

この苦い経験を通じて、手続き制定に限らず新しい施策や企画を考える場合には、事前に必ず「現場」の担当者や取引先などの生の声を聞くことを肝に銘じている。

（都市銀行部長Ｓ・Ｈ）

23

初動は、ファクト・ファインディング。

入社して最初の異動で、本社企画部門に転勤になった。その時の次長からのアドバイスである。

担当職務に問題が発生したり課題が見つかったような場合、初動において最も大事なことは、何らの先入観や仮説を持たず、まずはその問題や課題に関連する「事実」、正しいデータや情報を、できるだけ広範囲に収集する。必要があれば、現場に行って関係者の話を直接聞く。専門家から最新情報を入手する。競合金融機関の状況を把握する。ともかくひたすらファクト・ファインディングに徹する。

そうして得られたデータや情報、すなわち「ファクト」を整理し、正確に理解してから問題や課題の解決策を考えていく。これが大事だ、と。

「ファクト・ファインディング」――。

この言葉は、なぜか「俺も実業の世界に入ったんだな」と感じさせ、印象深く記憶に残った。その後、仕事に取り組む際の基礎となった大事な言葉だ。

（地方銀行役員T・A）

24

いい仕事をするには、周到な「根回し」が大事だよ。

支店勤務が長かったが、四十歳代前半になって初めて本社営業企画部門へ転勤し、次長になった。その時、以前支店長として仕えたことのある、実力派の企画部長から言われた言葉だ。

根回ししている間に当初の提案が骨抜きになってしまう可能性があり、また時間の無駄遣いのように思うかもしれないが、持論（結論や方針）を堅持しつつ根回しすることは、実はより適切により効率的に物事を進めていくうえで必要不可欠な手続きだ。事前に、関係する部門の担当ラインに構想を伝え、それに対する意見を聞いたり、必要であればそのラインの部長や役員の耳にも入れておいてもらい、調整しておくようにするといい。

本部は初めての経験だったから、ありがたい一言だった。

時間もかかるし、正論なら根回しなど不要と、それまでは「根回し」をバカにしていた。だが、やってみると、こうした手間をかけることで、関係部門からの指摘により思わぬ見落としや検討すべき観点が欠けていることに気づかされることもあり、結果的に提案の質が上がり、また決定がスムーズになって会議の時間も節約できることが多いことを学んだ。

（地方銀行部長Ｈ・Ｉ）

25

仕事は「段取り次第」。

二カ店目で取引先課に異動になったすぐの頃のこと。

取引先からいただく融資関係書類に漏れが生じたり、押印箇所に印鑑が漏れたり、勉強不足で一つのリスク商品セールスに何回も取引先を訪問したり、訪問の順番が悪いせいか訪問件数も伸びず、全般的に仕事のスピードが上がらず仕事に追われ、もたもたすることが多かった。

仕事に追われているから、準備が整わないうちにその場に直面しなければならず、その結果、ミスが起きやすくなって、その後始末に追われるような悪循環になっていた。

そんな様子を見ていた課長から言われた一言だ。

一呼吸置き、少し時間をかけて、書類はあらかじめセットして準備しておく、押印を忘れないよう事前に該当箇所に付箋を貼っておく、無駄のない訪問ルートをあらかじめ決めておく、新商品は必ず事前に熟知しておく、など、考えてみれば当たり前のことだが、事前の準備をしっかりやることにした。すると、徐々に仕事がうまく回り始めてきた。

この経験を教訓に、「段取り八分」（準備万端整えておけば仕事は八分（八割）は済んだようなもの）をモットーにしてやってきた。

（地方銀行支店長Ｓ・Ｔ）

狭い世界だ。再び出会うことも結構多い。
だから相手が誰であっても、
いつも誠心誠意の心持ちで
接することだ。

本部の調査役になりたての頃、つっけんどんで荒っぽかった自分に対し、次長から言われたこの言葉は、今でもありがたかったと感謝している。

次長は言った。どのような関係性であれ、「将来再びこの人と接することがあったら、その時もまた良好な関係でありたい」と思い描きながら接しておくことが大事だ。そのためには、相手が将来偉くなりそうかどうか、将来お世話になりそうかどうか、などと打算的に分類したりせず、誰に対しても等しく、常に誠心誠意の心持で接し、また一時の感情にまかせて短気を起こしたりしないことだ。

ありがたい言葉だった。

振り返ってみると、異動のたびに、多くの上司や同僚、部下と職場を共にし、新しい取引先やお客様を担当先として受け持ち、本部管理部門に異動したら、さまざまなベンダーと知り合ったり、銀行協会等の場を通じて競争相手である同業者と出会った。そして何年か後、お互いにさまざまな経験を経て、当時とはまた違う立場になって再び出会うこともしばしばあった。

確かに、どのような関係性も「一度限り」ということは比較的少ない。

（都市銀行元部長O・B）

27

飲み会の翌日は早く出社する。
それが社会人の常識だ。

まだ入行して間もない頃だった。飲み会の翌日少し遅刻したら（その一週間くらい前にも少し遅刻していた）、課長から怒鳴られた。そのとき言われた言葉だ。当時は、「少しくらいいいじゃないか」などと思ったものだが、いま管理者の立場になって、これは社会人として当然の「常識」であり、本当に自分のために言ってくれたありがたい言葉だったのだと感謝している。

飲み会で酒量が行き過ぎ、その挙句に暴言を吐いたり、けじめがなくなる、ひどい場合は前後不覚になってモバイルやスマホを紛失する。翌日の出社時間が遅れる。二日酔いで朦朧として仕事が手につかない。このようなことを何度も繰り返すような部下がいたらどうだろう。

酒にルーズな人間に対しては、たとえ人柄が良くて協調性に富み、仕事ができても、上司からすれば常に「いつか酒で失敗しないだろうか」と心配が付きまとい、どうしても人事評価に慎重になる。「彼は酒にルーズだ」という定評がついてまわり、信頼性が上がらない。職場にはいくらでも代替人材はいるから、組織の中で頭角を現すことはできない。

社会に出て間もなかった自分に、社会人としての基本中の基本となる心構えを教えてくれた言葉だ。

（都市銀行支店長Ｍ・Ｍ）

28

職場でツメを切るな。

入行して二年ほど経った頃の話だ。新しい課長が異動してきた。事前のうわさどおり、きびきびしていていかにもやり手だ。感じもよい。

ある日、いつもどおりツメを切っていると(当時、ツメがのびると職場で切っていた)、その課長から一喝された。

恥ずかしさで赤面する思いだったが、この一言で、出社前に身だしなみをしっかり整えておくことの大切さを改めて心に焼き付けることができた。

出社前に身だしなみを整えておくことは職業人としての基本だ。衣服、髪形、靴、ツメなど清潔で感じのよい身だしなみは印象が良く、大まかにその人の人柄や仕事への向き合い方などまで表れる。

背広がしわだらけ、髪がぼさぼさ、靴がひどく汚れている、ヒゲの剃り残しがある、ツメが伸びている、というのでは、相手に不潔な印象を与え、「この人、大丈夫だろうか?」と漠とした不安を与えてしまう。職場でツメを切るのも同じだ。出社前に準備完了していないのだからルーズな印象を与える。

出社前の身だしなみへの気配りの大切さを心の底から学んだ、ありがたい一言だった。

(都市銀行支店長I・H)

29

酒で憂さを晴らすのもいい。
だが、飲み過ぎはやめておけ。
健康を害して仕事ができなくなったら、
それでお終いだ。

取引先課の課長代理だった頃、目標が長い間達成できず、課長ともうまくいかず、そのうえ取引先から厳しい注意を受けたりして、相当ストレスがたまっていたことがあった。投げやりになって、ついつい気の置けない同僚と飲んでうさを晴らそうと酒が続き、次第に体力が落ちてきて元気がなくなり、暗くなってきていた。

そんな時、部下の面倒見が良かった支店長からの一言がこれだ。「セルフコントロールしなければいけない」と、心に誓った忘れがたい一言だった。

飲めば一時的に憂さを晴らすことはできるが、問題が解決しているわけではないから、何ら前進はなくストレスは溜ったままだ。

健全な肉体に健全な魂が宿る、というが、特に組織人の場合には、健康でいることは、職責を果たす前提条件だ。

酒で憂さを晴らすのもいいし、付き合いがよいのもいいが、長い一生だ。健康第一、一時の気分で自分を失うようなことがないよう自制（セルフコントロール）し、健康を害さないこと。職業人としての基本を教わった一言だった。

（地方銀行支店長T・E）

30

仕事は日々変化しており、
行く先に同じ風景はない。
だから、どんな状況にも耐え得るよう、
日々研鑽していく「意思」を
持ち続けることが大切だ。

毎日が単純な繰り返し業務ばかりでマンネリ化していた入社二年目の頃、支店長に言われた一言。ロマンに満ちた一言だった。

仕事は、毎日同じことの繰り返しのように見えても、実は時間の経過とともにすべてが微妙に変化しており、行く先に同じ風景はない。だから、成り行き任せで目の前の仕事をこなしていくだけでは足りない。

先々何が起きるかわからない。ゴールに至る道程には、平坦な道もあるが、自分の力だけでは如何ともしがたいさまざまな偶然や、運不運が織りなす山や谷もあって、思いどおりにならないことも多い。同じ風景など二度と出てくることはない。

だからこそ、行く先のどんな状況にも耐え得るよう、日々、担当職務に対して、わずかでもよいから創意工夫を加えて自分なりに改善し、正確性や能率を向上させ、周囲からの信頼性を増していく。そのように誠実に努力していくことが大事だ。

そのような趣旨の話だった。心の底に残る忘れ得ぬ一言だ。　（都市銀行支店長Y・K）

第二章

つらい時に道を開いてくれた言葉

1

「うまくいかなかった」と
自分を追い込み過ぎるな。
追い込み過ぎると、それが妄想になって、
墓穴を掘ることになる。
他人は誰も自分のことで精一杯で、
お前が思っているほど、
お前のことを気にしてはいない。

本社管理部門の次長という重要な時期に、重要な検討要素を欠いたまま立案した施策が、現場から総すかんを食った。大ちょんぼだった。

「これで俺はもうだめだ、皆の信頼を一気になくしてしまった」と思い込み、その思いがどんどん膨らんできて、仕事が手につかなくなるくらい落ち込んだ。

そんなとき、親しくしていた同期から言われたのがこれだ。

妄想が行き過ぎると墓穴を掘ることになるから、早く気持ちを切り替え、二度と同じ失敗をしないよう注意しながら良い仕事をしろ。仕事で返せ。

ありがたかった。

中堅以上になってくると、周囲が自分をどう評価しているか非常に気になってくる。特に自分が失敗をしたような場合には、そのマイナス評価がどの程度のものか気になり、悲観して落ち込んでしまうことも多い。

しかし、冷静に考えれば、誰も目の前の仕事が忙しく、自分のことで精一杯で、自分（こちら）が思い込み妄想しているほどには、他人に関心を持つ余裕はない。他人の失敗をいちいち詮索し、評価している暇などないのだ。

私の窮地を救ってくれた一言だった。

（地方銀行部長H・K）

昇格しなかったから愚痴っているんだろうが、
上司は、相性の良いほうを高く評価する。
そんなものだ。
倦まず弛まずちゃんとやっていれば、
必ず正当に評価してくれる上司にめぐり合い、
挽回のチャンスが来る。

三十歳を過ぎた頃、役付への昇格選抜に漏れ、同期より遅れをとった。

人事評価への愚痴を言っていたら、先輩が囁いてくれた。

経営幹部の顔を思い浮かべればすぐに合点のいくことだが、積み重ねてきた実績や発揮してきた能力、人格・見識だけでそこまでいったわけではない。

同じ実績を上げても、評価者は上司（課長、支店長、部長）だから、その「モノサシ」（性格、見識、実務能力、価値観などが合成されて出来上がっている）次第で、破格の評価を受ける場合もあるし、相応の評価の場合もあるし、不適切な評価を受けることもある。

仕事の中味やプロセスをよく吟味してくれたり、潜在能力までも見抜いてくれるようなとびきり実力ある上司や、実直で真面目な上司の場合は別にして、多くの上司は、実績が同程度なら、自分と相性が合うかどうか、ウマが合うかどうか、それに引きずられる。虚しさを感じないでもないが、それが現実だ。

だから愚痴は止めろ。成果を上げ、実績を着実に積み重ね、金融人としての見識を磨いてさえいれば、不思議なことだが、必ず正当に評価してくれる上司にめぐりあうものだ。

今回遅れても、挽回のチャンスはこれからいくらでもある。

この言葉に支えられ、ここまで来れた。


（都市銀行役員T・T）

3

気持ちは分かるが、
もう少し我慢していろ。
支店長はそのうち転勤になる。

副支店長時代の話だ。支店長とそりが合わなかった。しっくりこない。意見対立が多く、ついつい感情的になってしまう。信用されていない、嫌われている、無視されることが多い。自分はついていこうと努力するのだが、支店長はそれを阻んでいるようだった。その支店長は、優柔不断で決断ができず、実践能力が劣り、公私混同が激しく人間として信用できない、一方的で聞く耳を持たず会話ができない、神経質で怒ってばかり…。そんなひどい人だった（よくもまあ支店長になったものだが）。

関係改善を目指しつつも、ともかく我慢してついていかなければならない。しかし、我慢にも限界がある。追い込まれて耐えきれず、そのストレスでメンタルに問題が生じてしまいそうだった。ギリギリの状態になったので、刺し違え覚悟で支店長の不適正さを伝え、自分の転勤を申し入れるため、人事部次長（同期）に相談したところ、この一言。

この一言で救われた。その後しばらくして支店長は関連会社へ出向になった。後日その次長に聞いたところ、かねてから支店の若手からの評判もすこぶる悪く、異動はすでに決まっていたとのことだった。

我慢も限界に達したら、敷居が高くても所管部門に相談する。このとき得た教訓だ。

（都市銀行関連会社役員T・F）

4

希望していた仕事と違ったようだが、
がっかりしている暇はないぞ。
「こんなやり方もある、こんな工夫をして
みよう」。
考えながら仕事をしていれば、
どんな仕事でも面白くなってくる。
それが君を強くしていくんだ。

二カ店目の異動が自分の希望する職務分野と異なり、挫折感を味わっていた頃、尊敬する三つ上の先輩が言ってくれた。

一流のサッカー選手は、傍から見れば単純な反復にみえる短いパス練習も、うまくいけばどのようにすれば持続できるか、うまくいかなければどう修正すればよいだろうかと、一回一回のパスのたびに「こんなやり方がある、こんな工夫をしてみよう」と考えながらやっている。すると、忍耐を要する単純な反復繰返し練習でも次第に楽しくなってきて、決して飽きないという。

どんなスポーツでも世界トップクラスのアスリートは、同様に、単純な基礎訓練を常に考えながら繰り返し、鍛錬を怠らずスキルを上げ続けている。

仕事も同じだ。どんな仕事でも、「こんなやり方もある、こんな工夫をしてみよう」と常に「考えながら」取り組み、わずかであっても創意工夫の余地を見つけだしそれを改善していく。すると仕事が楽しくなってくるはずだ。その積み重ねが君を強くしていく、と。

その後の経験でも、考えながら仕事をやっていると、課題が発見できたり、細かい改善点が見つかったり、新しい着想が浮かんだりする。

漫然と流しているのとは大違いだ。

（都市銀行支店長Y・Y）

5

「これから」のことを考えろ。
自分の成長に役立たない経験など
一つもない。

順風満帆で来ていた。狙っていた企画部門次長のポストを得て意気軒昂、提案した企画は概ね承認され、部長や所管役員からも評価されていた。すべてがうまくいっていたそんなとき、新しく企画した部門ごとの損益業績評価制度が頓挫してしまった。

最終決定する役員を含めた幹部会議の席で、この案件の影響がほとんどない部門だったため、事前説明を省略した某役員から反対意見が出され、決着しなかったのが躓きだった。だが、そこまで来るのに時間もかけてきたし、システム開発も一部着手している。反対者はその役員だけだったから、部長とも相談のうえ「原案」で何とか承認を得るべく再度会議を開いたのだが、再びその役員から反対され、結局その企画は「時期尚早」ということで棚上げになってしまった。

そんなことがあってしばらくして、地方支店副支店長への異動通知が来た。明らかな「左遷」だ。落ち込んでいたときに、尊敬していた役員からこの言葉を言われた。

これで気持ちを切り替えることができた。

地方支店での経験は管理職として学ぶことも多く、自分の成長に大きく役立ち、その後、運よく役員にまで昇進することもできた。好きな言葉「人間万事塞翁が馬」とともに、大切にしている言葉だ。

（地方銀行役員N・K）

6

タンポポ精神で行け。
着地したところで根を張り、
花を咲かせろ。必ず後の糧になる。

四十歳代前半の大事な時期に、意に反する辺境地への海外赴任が決まった。失意の底にあった私に、部長がくれた言葉がこの「タンポポ精神で行け」だった。

タンポポの種子は、風に吹かれてばらばらになって様々な場所に飛んでいき、着地したところで根を張り、花を咲かせる。どこに行っても、くさらず精一杯頑張れ（花を咲かせろ）――そういう意味だと部長は教えてくれた。

慰めにも思えた。しかし、いやになって退職するなら話は別だが、私にそのつもりはなかった。だったら、ふてくされて仕事をするより精一杯勤め上げたほうが気分は良いし、先々に生きてくるような貴重な体験ができたり想定外の人脈もできたりして、やりがいを感じることができるかもしれない。そう考えるようにした。

失意の時、そこから抜け出す助け舟になって前に歩みだす力を与えてくれる「言葉」は多いが、部長のこの言葉は胸に染みた。

振り返ると、その拠点に在籍した数年間、何から何まで自分がやらなければならないから、様々な知識が身に付いて得難い経験ができたし、その地の歴史・文化も学べ、さらにさまざまな企業の出向者と出会い、その人脈のおかげで、帰任してから銀行の海外営業の業績伸展に一役買うこともできた。

（都市銀行部長T・M）

7

つらいだろう。
何と言っていいのか、
慰める言葉も見つからない……。
この現実を真正面から受け止め、
できることを最大限やっていくしかない。

若いころから、国内中小企業店舗、大企業担当営業本部、海外拠点、証券部門、本社企画部——と順調なキャリアパスを歩んできていた。将来の役員候補の最右翼と言ってくれる人も多かった。

しかし働き盛りの四十代半ばに脳梗塞で倒れ、その後職場復帰できるまでに回復したものの、軽い言語障害が発生し順調なキャリアはそこで止まってしまい、閑職でリハビリに取り組み、定年を迎えた。

その間、職務にもリハビリにも前向きに取り組んだが（編者注・周囲から見ても、他人への気遣いも昔のままで実に爽やかだった）、それを支えたのが、信頼する上司からのこの一言だった。

働き盛りに病を得たことに対し、正直言ってその不幸な運命を呪った。自暴自棄になりそうなときもあった。しかし、そこから逃げ出せるわけでもなく、問題が解決するわけでもない。そのめぐりあわせを従容（しょうよう）として受け入れるしかない。

配属された部門の適性、上司との相性、時代のタイミング、同僚や部下との関係、突然の病——ことの大小、軽重はさまざまだが、壁に突き当ったら、それに真正面から向き合い、やれることをやる他ない。

（都市銀行ＯＢ　Ａ・Ｋ）

8

仕事に熱が入っていないようだが、
どうしたんだ。
自分の仕事は、誰のためにやっているのか、
誰にどのように役立っているのか、
それを腑に落ちるまで考え抜いてみなさい。

入社して間もない頃だが、現金整理や伝票仕分けばかりで仕事に熱が入らない。毎日が無為に過ぎていくように感じていた。

先輩たちの姿を見ていると、どのような職務担当にあっても常に情熱を持って仕事に打ち込み、時に苦労しながらも着実に成果を出しているように見える。

どうしたらそのようになれるのか、どのような心構えを持てばそのように情熱を絶やすことなく仕事に打ち込めるのだろうか。オーナー事業家が自分の事業に情熱を傾けるのは当たり前と思うが、組織の一員（歯車）として一定の役割を果たしていくサラリーマンが仕事に情熱を持つ動機づけとなるのは何なのだろうか。そんな青臭い思いを持っていた。

そんな頃、支店長に言われた一言だ。

言われて、この仕事は何のためにやっているのか、誰にどのように役立っているのか、銀行の中でどのような役割を担っているのか、先輩に聞いたり導入研修で使った教材を読み返したりしながら、腑に落ちるまで考え抜いてみた。すると、次第に自分の担当している仕事の組織の中における役割や意義が分かってきて、仕事に張り合いが出てきた。

担当職務に熱が入っていない若い部下へのアドバイスとして、今でも時々使っている言葉だ。

（地方銀行支店長H・D）

9

今つらくなくてどうする。
この壁を乗り越えることができなければ、
その先はないんだよ。

郵 便 は が き

料金受取人払郵便

中野支店承認

4557

差出有効期間
平成27年2月
15日まで

164-8790

208

東京都中野区
中央1－13－9

株式会社 近代セールス社
ご愛読者係 行

ご住所	〒□□□-□□□□ □自宅 □勤務先（いずれかに☑印を） ☎（　　　）　　－			
お名前	（フリガナ）			
Eメールアドレス				
ご職業			年齢	歳

＊ご記入いただいた住所やEメールアドレスなどに、小社より新刊書籍などのご案内を送らせていただいてもよろしいですか。
□送ってかまわない　　□送らないでほしい

※当社は、お客様より取得させていただいた個人情報を適切に管理し、お客様の同意を得ずに第三者に提供、開示等一切いたしません。

●アンケートへのご協力をお願いします●

本書をお買い上げいただき、ありがとうございました。今後の企画の参考にさせていただきたく、以下のアンケートにご協力をお願いいたします。毎月５人の方に図書カード（1000円分）をお送りいたします。

(1) お買い上げいただきました本の書名

(2) 本書をどこで購入されましたか

□一般書店（書店名　　　　　　　　）□インターネット書店（書店名　　　　　　　　）
□勤務先からのあっせんで　□小社への直接注文
□その他（具体的に　　　　　　　　　　　　）

(3) 本書をどのようにしてお知りになりましたか

□書店で見て　□新聞広告を見て　□勤務先からの紹介　□知人の紹介
□雑誌・テレビで見て（ご覧になった媒体・番組名　　　　　　　　）
□ダイレクトメール　□その他（　　　　　　　　　　　　）

(4) 本書についての感想をお聞かせください

(5) 今後お読みになりたいテーマ・ジャンルをお教えください

ご協力ありがとうございました。

四十代に入って副支店長になったときのことだ。

支店経営の最終責任者ではないものの、支店長の右腕（補佐役）として業績向上だけでなく内部管理の責任も重い。課長以下、部下の相談ごとはすべて一手に引き受ける「支店長見習い」の立場でもあり、それはやりがいのあるポストだった。

ある期のことだ。どんなに努力しても支店の「数字」が上がらない。そんな時に限ってクレームも多く発生する。ついついいらいらするから部下との関係もぎすぎすしてくる。立てるべき支店長とも意見がぶつかり、うまく歯車が合わなくなることが多くなってきていた。店内に気軽に相談する相手もおらず、ストレスはたまり、すっかり自信をなくしていた。そんなとき、信頼している先輩からの厳しい一言がこれだ。

ポストの上昇とともに責任が増し、仕事の難度は高くなってくる。目標項目は増え、部下の数も増え、上司の要求水準も高くなってくる。攻守にわたって、今まで経験したことがないような事案に遭遇することもあり、「壁」にぶちあたる。

しかし、この壁を乗り越えなければそこで終わりだ。次のステップに進むことはできない。つらくてもその先を見据え、耐えて努力して、真正面から壁を乗り越えていくほかない。

（地方銀行支店長Ｒ・Ｍ）

10

落ち込んでいても、何も始まらない。
やり直せばいい。

取引先課の係長だった。期末も近くなって追い込みの頃だったが、二期連続で目標も達成できそうになく、課長からは怒鳴られ、仕事がはかどらない状況が続いて、精神的にすっかり落ち込んでいた。

そんなときの、支店長からの一言。

落ち込んでいてもしょうがない。今期はもう諦めて今月（期末月）は来期の種まきをしろ。来期は今月入れて七カ月で勝負していいから、しっかり結果を出せ。

いつも数字には極めて厳しい支店長だったから、まさかと思ったが、落ち込んだ部下を一刻も早く立ち直らせようと思いやってくれた一言だと理解し、その後は、動きも俄然変わり、次の期は目標を達成できた。

「やり直せばいい」の一言は、使うタイミングによっては、相手に「簡単に諦めていい」というような印象を与えるが、時と場合と相手を選べば、「心機一転、頑張るぞ」という気持ちにさせてくれる力のある言葉だ。

いま、真面目にやっているのに失敗したり挫折している部下には、気持ちを切り替え、眼前の局面を変化させ、そこから一刻も早く脱し再チャレンジできるよう、「やり直せばいい」を励みの言葉として使っている。

（地方銀行ＯＢ　Ｋ・Ｋ）

11

「柳に風」というが、
時には、物事をうまくあしらう
しなやかさも必要だよ。

どのようなことも真正面から受け止め、真面目に几帳面に誠実に対処することは、金融に携わる者として欠かせない資質の一つだ。そのように考え、上司や同僚からの瑣末な指示や私的な頼まれごとなど、何でもいちいち丁寧に対応してきていた。しかし、入社して二、三年たった頃のこと、その負担が大きくなって、本来の職務遂行に悪影響が出始めたことがあった。

そんな状況を見ていた課長から、「うまく逃げろ、という意味ではないが」との注釈つきでこの言葉をもらった。

本来の職務が忙しいときに、職務に関係なさそうなさまざまな瑣末な指示や頼まれごとをされたときは、何でもすぐに「はい、わかりました」と簡単に引き受けず、相手を立てつつも「もう少し後にしていただけませんか」「他の方に頼んでいただけませんか」などとうまくあしらうことも知恵の一つだ。「柳に風」のように、うまくあしらって受け流すしなやかさが身を助けることもある。

レジリエンス（編者注：resilience、立ち直る力、困難に打ち勝つ力）という言葉があるが、「柳に風」も、身につけておきたい知恵の一つだと思う。

（都市銀行役員T・I）

12

多少は上司に気配りして、
「かわいいところもあるな」と思わせる
強かさも必要だよ。

（自分で言うのも変だが）某一流大学を優秀な成績で卒業して入社。一カ店目は都心部の大型店舗に配属され、一通りの職務経験を経て、二カ店目で本部企画部門に異動になった。同期生と比べて順調に歩み出していた。

着任してしばらくしてからだが、部長とうまくいかない。波長が合わない。こちらがそう思うから、向こうもそう思う。比較的どうでもよいことでも結構ぶつかる。間に調査役や次長がいるが、彼らは「君子危うきに近寄らず」とばかりフォローしてくれない。だからますます関係は悪化する。

気の毒に思った親しい同期から、「うまく合わせておいた方がいいぞ」とアドバイスされても、（部長をバカにしていたからだと思うが）積極的に修復する気にもならず、意地を張ってそんなことを繰り返していたら、ついに地方支店に異動になった。

他部の部長（大学の先輩）に転勤の挨拶をしたとき、言われたのがこれだった。

組織で正当に評価されるには、主義主張を通しつつも、瑣末なことは上司に気配りして、「かわいいところもあるな」と思わせる強かさも必要だと学んだ。

若いうちでよかった。

（地方銀行役員T・K）

13

君は、仕事を「いやいや」やっているだろう。
それでは困る。
会社に、不要な仕事はない。
誰かがやらなければならないんだ。
前向きに捉えろ。

三カ店目の異動先が希望と異なり、事務処理部門になって少々やる気を失っているとき、課長から一言。

見抜かれて戸惑ったが、心機一転、前向きに捉えてしっかりやっていこうと決心した。すると、仕事そのものは大量処理で同じことの繰り返し、脳を使うより手足を使うことがはるかに多かったが、それでもよく観察すれば、細かいことばかりとはいえ、合理化・効率化すべき重要な課題や問題点が山積していることが分かってきた。

そこで、課の皆で改善すべき課題や問題点を書きあげ、具体的改善策や解決策を検討し優先順位を決めて一つひとつ取り組んでいくようにした。その結果、実績が徐々に上がり始め、合理化のための予算も少額ではあったが確保できるようになってきた。次第に仕事が面白くなってきた。

地味な仕事だったが、課題や問題点を探し、丁寧に一つひとつ具体的に解決し、改善策を実践に落とし込んでいくということの経験は、その後さまざまな職務に生かされ大いに役立つものとなった。

何事も考え方一つ。どんな仕事でもやるからには前向きに捉え、楽しんでやる。仕事の質は間違いなく向上すると思う。

（信用金庫支店長Ｒ・Ｕ）

14

悩んでいる暇などないぞ。
つまらないと思っても、目の前の仕事に
夢中になって全力で取り組め。
そうすれば、次第に悩みは解決してくる
ものだ。

入社して最初の支店では、右も左も分からない中で、初めて組織の一員として働くことになる。会社や組織のルール・文化を学び、上司や同僚との望ましい関係性を模索しつつ、現金の整理、預金の受入・支払、為替、渉外、融資、外為など銀行実務の基礎を習得していく。環境の激変で、精神的にも肉体的にも厳しく忙しい。

そうした時期だった。私は「就職活動をしていた時のイメージと違いすぎる。こんな仕事のはずではなかった。会社の雰囲気もしっくりこない」と思い悩んでいた。そんな私の様子を見た支店長が、この一言をくれた。役員になった今でもかみしめている言葉だ。

入社三年程度で二カ店目に異動になるが、そこではもう立派な一人前の成果を期待される。だから、最初の配属支店での実務経験は極めて重要で、そこで業務の基礎を徹底的に習得し周囲の信頼を得ておかなければならない。

職場になかなか慣れない、上司との折り合いが悪い、単純作業が多い、あれやこれや悩みの種はあるだろうが、それはさておき、ともかく目の前の仕事を自分の中心軸に据え、どんなつまらないと思う仕事でも周囲の想定を超えるような結果を出すよう夢中で全力投球しろ、と支店長は言った。

私を悩みから救い出してくれた、今も新鮮に思い出す言葉だ。　（地方銀行役員O・Y）

15

仕事が溜まって焦っているようだが、
まず、溜っている仕事を書き出し、
次に、それに優先順位をつけてみてごらん。
どうだ、頭で考えているほど
焦る必要がないことが分かるだろう。

入社して三年が過ぎ、転勤で新しい支店に異動した頃の話だ。前任者は評判もよい融資のベテランだった。

一カ店目で一通りの経験を経ているから、支店長も融資課長も、私をもう一人前の戦力と見なしていた。ある面でありがたいことだが、実力といえばまだまだ分からないことも多く、手際も悪い。正確性を追えばスピードが落ち、スピードを優先すれば正確性が劣ってくる。本音を言えば、まだ半人前にもなっていない。

着任早々の期末近くの忙しい時期のことだ。通常より多くの融資案件が重なっており、そのうえ、課長から新しい指示があったり重要取引先から相談ごとを受けたりして、一層忙しくなっていた。あれやこれや仕事に追われる毎日で頭に血がのぼり、冷静さを失って混乱し、仕事が荒っぽくなって処理スピードも落ち、課長や取引先から注意を受けるという悪循環に陥ってしまった。

そんな時、課長からこれを言われた。私には救いの手となった。

たしかに、書き出しみると仕事量は頭に血がのぼるほど多くはなく、うまく優先順位付けすれば、十分に独力で対応できることが分かった。

仕事が立て込んだ時の解決メソッドを学んだ。

（地方銀行支店長M・D）

16

難局に直面した際、
最後に頼りになるのは結局のところ、
自分が積み重ねてきた実務・実践経験と
得てきた知識、そして動じない精神力だ。
だから、「毎日の積み重ね方が大事」
なんだ。

管理職になったばかりの頃、尊敬する役員から、「難局に直面した際、それにどう対処し、どう乗り越えていくか。そのときのために覚えておけ」と、この言葉をもらった。

難問や難局に直面したとき、それが前向きなものであれ後ろ向きなものであれ、自分の持てる力量が大きく試される。自分の持てる力を総動員し、専門部隊を活用し、部下を指導しながら、対処しそれを乗り越えるよう最大努力する。そんなときに最も頼りになるのが、それまでに積み重ねてきた自分の実務・実践の経験や、得てきた知識、そして動じない精神力だ。

そのためには、毎日を軽く流すようなことはせず、いつも自分の担当職務に「夢中に」「情熱的に」取り組み、それを積み重ね、（貯蓄のように）地道に蓄えていく。これを継続していくことだ――。

この言葉は、自分の座右の銘である「疾風に勁草を知る」（強い風が吹いた時に初めて、それに負けない強い草を見分けることができる。難局や試練に直面したときに初めてその人の人間としての価値が分かる）と共に、今でも大切にしている言葉だ。

（都市銀行役員Y・S）

第三章

幹部としての仕事の流儀を学んだ言葉

1

「普通の水準」は、
リーダーが部下たちに
求め続けている水準で決まる。

入社して初めての異動で地方支店に転勤になった。

その支店の業績は長い間、中位から下位が定位置と低迷しており、役付者は仕事が終われば軽く飲んで帰るのが普通になっていて、支店内は弛緩し、皆が成り行き任せの「楽な」毎日を過ごしていた。

目標管理会議一つとっても、前の支店では、月初早々数字が整い次第開かれ（これが普通）、進捗が悪ければ課長や支店長から容赦のない厳しい指示が飛んできたものだが、その店では資料は中旬にならなければでき上がらなかった。会議をやっても、皆、危機感もなく当事者意識に欠け、進捗が悪い項目に関して改善策を議論しても、誰が、いつまでに、どうやるかを決めないから、翌月も同じようなことになっている。

しばらくして新支店長が着任し、最初に話したのがこれだ。各課長は成績優秀店に行って、そこで「普通」にやっていることを教えてもらい、それを真似しろ。いかにうちの店の「普通の水準」が低いか分かるはずだ。支店長はそう言った。

「普通の水準」は、リーダーが部下たちに求め続けている水準で決まる。それが企業の力になっていく。今つくづくそう思う。

（都市銀行部長T・Y）

2

第三章　幹部としての仕事の流儀を学んだ言葉

書類にコメントを書く時は、
鉛筆ではなく、ペンを使え。
責任の重さを感じるはずだ。

融資課の課長だった頃の話だ。

当時、大半の支店長や部長は、部下から回されてくる融資稟議書やさまざまな書類に自分の決裁コメント（所見）をつける際、鉛筆を使っていた。それに倣って、私も書類につけるコメントは鉛筆で書いていた。

ところが、転勤してきた支店長は、愛用のP社銀製万年筆を使って、稟議書などに自分のコメント（所見）をすらすらと書いている。その支店長の一言だ。

「自分が書いたコメントに対して責任を明らかにするには、ペンが一番よい。鉛筆で書けば、後から消せるし修正も可能だ。しかし、ペンで書けば消せないし修正もできない。だから、ペンを使うとよい」

その話を聞いて私もすぐに万年筆を買い、その後、今日に至るまで、コメントはペンで書いてきた。最近では、パソコン上でコメントを入力し、処理完結する手続きも多くなってきているが、それでも紙で回付される書類も結構残っている。

その書類にコメントを書くときには、その時点における私が書けるベストのコメントを責任をもってペンで書く。

仕事の何たるかを教わった一言だ。

（都市銀行役員Y・N）

3

どんな支店長が一番仕えやすかったか、
昔のことを思い出してごらん。
「明るく、結論が早い」支店長だった
はずだよ。

支店長になった時、先輩支店長から言われた。

支店長になったら、昔、担当者、役席、副支店長という部下の立場であった頃、どんな支店長が最も仕えやすかったかを思い出してみるといい。性格、得意分野、能力、持ち味はさまざまでも、結局、「明るく、結論の早い」支店長に仕えた時が最も仕事がはかどったはずだ、と。

支店長が備えるべき資質や能力はさまざまあるだろうが、それはさておき、思い起こせば、確かに最も仕えやすかったのは、ともかく「明るくて結論の早い」支店長だった。

性格の暗い支店長だと、ちょっとした相談ごとがあっても、「今は機嫌がいいだろうか、何か言われやしないだろうか」と気を使い、報告が億劫になってしまうこともある。気を使うべき相手は取引先やお客様なのに、それより身内の支店長の顔色に気を使う。

結論の遅い支店長にも困った。何も決めないから案件が前に進まない。仕事は溜まりイライラしてしまう。取引先から怒られたり、商機を逸したりする。結論を出せないなら相談してほしいと思ったものだ。

いま、「明るく、結論は早く」をモットーに支店経営をしている。

（地方銀行支店長K・O）

4

細部の理解なしに、
「大所高所」の見方はできない。
木を見ずして森は見えない。
細部に踏み込め。

大型店の支店長になった。もう三カ店目だった。

歴代支店長に倣って、部下たちには「俺は支店経営全般を見るから、細かいことはすべて副支店長に任せる。何でも副支店長に相談してやってくれ」。そう指示していた。気がきく副支店長だったから、何事も手際よくこなしてくれて、判断も適切で、安心して任せられた。審査案件も、副支店長が事実上の決定者で、自分は後刻「印」を押すだけだった。

そんな支店経営をしていたある日、支店を統括する部門の役員が臨店し、こう言った。

「この支店の支店長は歴代大物ばかりで、大口取引先以外は訪問もせず、経営の大半を副支店長任せにしていた。だから部下は何でも副支店長に頼り、取引先までもが副支店長を最終決定者と思い込んで何かと相談に乗ってもらっていたようだ。事実上副支店長が支店経営者で、支店長は具体的に支店経営の何をやっているのか、さっぱり分からなかった」

そして、これに続けて言ったのがこの言葉だ。

暗に、「原点に戻れ」とサインを出してくれたのだと思う。

今までやってきた二カ店の支店長時代には、実に細かいところにまで踏み込んで支店の全体を正確に把握しようと努力し、その結果、支店経営もまずまずうまくいったのだ。反省しきりだった。

（地方銀行役員O・W）

5

第三章　幹部としての仕事の流儀を学んだ言葉

事が起きた時は、
群れず、一歩引いて、
より高いところから冷静に
俯瞰して考えを巡らすことが
大事だ。

管理職になりたての、ちょうど三十歳を少し過ぎた頃の話だ。

取引先とのトラブルが発生し、課内で対応方法を喧々諤々（けんけんがくがく）あれこれ議論していた時、仕えていた支店長が一言。

何か事が発生したときには、管理職たるもの、その渦中に入りこんで皆と一緒に群れながらあれやこれや考え込んでいてはいけない。その事態から一歩引いて、より高い位置から冷静に俯瞰して考えを巡らせることが大事だ。「白鶴は高く飛ぶも群れを追わず」（編者注：李群玉七言絶句「白鶴高飛不逐群…」）だ――。

この言葉は、その後ずっと我が身と共にあり、何か事にぶつかったときには、すぐ脳裏に浮かんでくる。

重要な事態や困難な局面に直面した際、皆と群れることなく、一線を画してより高い位置から冷静に考える習慣ができ、より適切、的確な判断や決断が行えたのも、この言葉のおかげだとつくづく思う。

この言葉のおかげで、今日の自分がある。

（都市銀行関連会社社長T・S）

6

前任者批判は止めておけ。
仕事ができない者ほど、
前任者批判に明け暮れるものだ。
代案や新機軸があるのなら
それを堂々と展開していけばよい。

部長になりたての頃、前任者がすでにいないことをよいことに、平気で前任者批判し、やってきたことを否定していた。どのような狙いで前任者が取り組んできたのかさえ知ろうともせず、また部下に聞こうともせず、「何でこんなことをしたのだ。その狙いが分からない」などと、ひたすら前任者批判や否定を繰り返していた。

そうこうして半年ほど経ち、批判材料がなくなってきて、さて、いよいよ自分の力量を出すべきタイミングになってきたが、あれだけ元気に生き生きと前任者批判してきたのに、なかなか新機軸が出てこない。

そんなとき、尊敬する役員から言われた。

前任者批判は自分の無能を隠すためにするものだから、傍から見ていて浅ましいし、人間の生き方としても品の良いことではない。前任者の批判や否定は止めたほうがよい。前任者の方針や、やり方を変えたいのなら、自分の考えている代案や新機軸を堂々と示し、実行していけばよい。

赤面する思いだったが、この苦言に感謝している。

（地方銀行役員Ｔ・Ｔ）

7

裸の王様になるな。

役員になった時、親しくしていた先輩役員からのアドバイス。

役員になると、どうしてもトップの顔色や役員間の力学により多くの関心を持つようになり、次第に「現場」から興味が離れていく。取引先やお客様、最前線で日々取引先やお客様と接している営業や窓口の担当者、その生の声からどんどん遠ざかって、生の声が入りにくくなってくる。

生の声を聞く機会が減少する中で、権限や責任は増してくるから、経営判断に誤りが生じるリスクは増えてくる。だから、職位が上がれば上がるほど、自分自身が「現場」に出向いて直接生の声を聞く機会を作り、新鮮な情報に触れ続けるよう努力しなければならない。そうしないと情報源が配下の部長や次長に限られてきて、裸の王様になっていくリスクは増える。

「そんなことは分かっています」と口に出そうになったものだが、先輩が自分の反省も込めて言ってくれた言葉だと理解し、「意識」してそうするようにした。

ありがたい一言だった。

（都市銀行ＯＢ、Ｍ・Ｎ）

8

腰が重くなってきているようだな。
偉くなればなるほど、尻軽く動く。
思ったらすぐに行動する。
これが一番大事だ。
ともかく軽くなることだ。

支店長も二カ店目になり、自信が出てきたこともあったのだろう。ベテラン風な態度をとるようになり、確かに動きも悪くなってきていた。

一部の重要取引先以外は、部下から頼まれない限り、積極的に訪問しないようになっていた。訪問を頼まれると、いちいちその理由を問いただし、やっと重い腰を上げるようになっていた。簡単に済む案件に対しても、いちいち、「これはどういうことだ」と上から目線で説明を求めるようになっていた。

そんな時、役員からこれを言われた。

「見抜かれたか」と恥ずかしい限りだったが、大変ありがたい一言だった。そのままこのやり方を続けていたら、部下はとてもやりづらかっただろうし、私自身も、取引先の動向を知ったり、さまざまな生の情報に触れる機会が極端に減ってしまい、的確な指示が出せなくなる可能性もあっただろう。

私が嫌いなタイプに、役職が上がるにしたがって、苦虫をつぶしたような顔つきで、近寄りがたい雰囲気を醸す人間がいるが、私もそうなりつつあった。

謙虚に反省し、今でも心している言葉だ。

（地方銀行役員M・K）

9

自分のやれないことは言うな、指示するな。
自信満々もいいが、
もっと真剣に勉強したほうがいい。

証券部門の部長になってしばらく経った頃だった。昔仕えたことのある所管役員から注意された。「この歳になってこんなことを言われるとは…」と、恥ずかしくもあり、しかし、よく言ってくれたものだと感謝したものだ。

証券分野は、統計的手法や予測技術等が刻々と進歩しているから、本来であれば専門知識の高い部下に教えを請うたり、関連書籍を熟読するなりして、まずは最新情報に追いつかなければ部長としての役割は果たせない。

その程度のことは分かっていたはずなのに、昔在籍していたことがあり、「土地勘」もあったから、（軽率無謀にも）部長になってすぐに、自信満々に持論を展開し、自分ではとてもできそうもない無理な分析を指示したりしていた。

後から分かったことだが、部下たちは「何も分かっていないのに、なぜ偉そうに指示するのだ。やれるならお前がここに来てやってみろ」と心中辟易し軽蔑していたようだ。

部長だからこそ、担当分野について誰よりも真剣かつ謙虚に学ぶ。自分ができそうにないこと、やれそうもないこと、十分に知りもしないことは、言ったり指示したりしない。

責任の重さを痛感した。

自戒の言葉だ。

（地方銀行役員T・E）

10

公私混同して失敗した支店長は実に多い。
支店長に一番大事なのは、
「公私混同しない」ことだ。
これを心に刻んでおけ。

初めて支店長になった時、最も尊敬していた役員に言われたことだ。

支店長になると、誰もが「俺のやり方でやる」ようになり、支店内に諫める者もいないから、よほど自己管理して自制しないと、不透明な接待交際費支出、特定取引先との過度な親密化、不公正な人事評価、唯我独尊（「何でも俺様」になって我を通す）、部下を日常的に罵倒する（パワハラ）、外出中の行動がブラックボックス（どこに行っているか分からない）、など公私混同して職務を「マイペース化」（私物化）する誘惑にかられるものだ。

しかしそんなことをしていれば、部下はもちろん、取引先やお客様からも信用や信頼を得ることはできず、正常な支店経営はできなくなる。

強い意思を持って「公私混同しない」ように心がけ、誰から見ても透明性の高い支店経営をしていかなければならない――。

今でも自分の生き方の軸になっている言葉の一つだ。

（都市銀行役員N・K）

11

この業績低迷から早期に脱しなければ、
どこかに吸収されてしまう。
一緒に「男坂」を登ってくれ。

副支店長だった頃の話だ。

競合金融機関の積極攻勢により、深刻なシェア低下に直面していた。

就任した新頭取が、全行の中堅以上の経営幹部を集め、「このままでは当行は間違いなく他行に呑みこまれてしまう。競争相手を研究し、それを追い越し、早期に地域ナンバーワンの座を奪還したい。そのために、行内の知恵を集めて新しい中期経営計画を策定する。みなさん、厳しいことをお願いすることになるが、私と一緒に男坂を登ってくれ」、と訓示した。

当時、行内には「波風立てず、昨日と同じことを正確に繰り返していくことこそが最善」といった生温い空気が蔓延していた。一方で、若手はこの状況に、「こんなぬるま湯でよいはずがない。いずれどこかに吸収されてしまう」という漠然たる不安や、何もやらない上司への大きな不満があった。そうした状況を一気に突き崩す一言だった。

「男坂」。

高いところにある社寺に通じる坂道が二つあるとき、勾配の急なほうの坂。

トップが危機を乗り越える強い決意を示す言葉として、多くの幹部がこの一言に心が動かされ、「この人のためなら」と真剣になったことを思い出す。（地方銀行役員Y・O）

12

金融マンはいかなる時も
背骨を一本通しておかないといけない。

一言でいえば、

「正々堂々として王道を行く」

ということだ。

支店長になって、入社早々仕えた支店長が言った、この言葉が蘇ってきた。「わが行は、何事においても、正々堂々として王道を行く、という風土がある。これを伝統として守っていくことが大切だ」

職務に取り組み、他人と接するに際して、青天白日、何事に対しても何らやましいことなく誠実・正直・真摯な姿勢を貫き、謙虚かつ基本に忠実で原理原則を重視し後ろ指を指されるような行為はしない。強い者に簡単に捲かれず、正論だと確信することを堂々と発言する。物事の判断において、自分の利益や立場の保全を優先することなく、公平・公正に重心を置く。自分を振り返って良心に恥じることは何もない（「内に省みて疚（やま）しからず」（論語））。

もちろん、現実はそう甘くない。きれいごとだけでは済まされないこともある。いささか問題だと思っても上司の指示ゆえに従わなければならない、その場の空気に流され不本意ながら自論を抑える、「目標」達成のため取引先に無理を押し付ける、そんなこともある。

しかし、そうしたときにあっても、この言葉を思い出し、軌道を大きく外れないようにしている。

（都市銀行支店長H・K）

13

君は、少し保身に偏っているようにみえる。川の流れに身をさらそうとしない者に支店長たる資格はない。

大店の支店長になった頃のことだ。

せっかくここまで来たのだから、次の役職を手にするために、ケガをせず安全運転で行こうと思った。業績向上も大事だが、不良債権でもつくったら今までの苦労が水泡に帰す。在任中の二〜三年はともかくリスク回避第一でいこう。内心そう考えていた。

そうやって「保身」に重きを置いて支店経営をしていた頃、それを見抜いた、尊敬する役員からの一言がこれだ。

融資判断に限らず、支店経営において「積極的にリスクを取る」などとカラ元気を出してはならない。しかし、そうかといって、何事に対しても「御身（おんみ）大切」とばかり、リスク回避一本槍で石橋をたたいても渡らないようなスタンスで支店経営に臨んでいるとしたら、そもそも金融の役割、支店長の役割を最初から放棄しているようなものだ。川辺で水の流れを見ているばかりで、その流れに身をさらそうとしない者に支店長たる資格はないし、チャンス（商機）も訪れない。その役員はそう言った。

「虎穴に入らずんば虎子を得ず」。蛮勇は愚かだが、慎重にリスク回避しながら虎穴に入り、虎子を得る力のある者だけが経営幹部になり得る。それを示唆してくれた一言だった。

（地方銀行役員T・M）

14

君はクールすぎる。
君には「決断と実行」「信念と情熱」
という「動」の言葉をあげるよ。

本社の次長になった時、尊敬する役員からこう言われた。

クールなのもいいが、「静」過ぎてはいけない。「動」的なほうがよい。

素早く決断する。ただし、独断・短絡・拙速であってはならない。明確で合理的な根拠があり最終責任を持てるものでなければならない。

決断したことは実行しなければならない。期限を定め、部下に指示し、結果を見届ける。

決断と実行はセットだ。

これらを揺るぎないものにする原動力が、信念とそれを支える情熱。挫けそうになってもやり通す、どのような障害物があっても先頭に立って部下を導き、それを乗り越えていく強い信念。その信念は熱い情熱で支えられ、簡単には折れ曲がらない。

どこかで聞いたような言葉ではあったが、大事な時期に、私が欠けているところをズバリ指摘してくれた、印象に残るありがたい一言だった。


（地方銀行役員T・Y）

15

人の顔色ばかり見ているな。
君はどう考えているのか、
俺はそれを知りたいんだ。

支店現場ばかり回ったあと、初めて本社管理部門の次長になった。着任してすぐの頃、仕事に自信がないので、部長はどう考えているだろうか、どのような方針にしたいのだろうか、どのような結論を求めているのだろうかと、部長の思いを付度(そんたく)し、できるだけ意向に沿ってまとめようと、部長の顔色ばかり見ながら仕事をするようになっていた。

そんなある日、部長から言われた一言がこれだった。

上司の顔色とその思いを忖度しながら仕事をするような次長など不要だ。次長ポストを空席にして部長が直轄管理すればそれで済む。君の意見を言え。

自分の立場を自覚させてくれた一言だった。

次長がやるべきことは、部長の考えや思いを忖度することではなく、課題に対し、部下とともにできるだけ多くの意見や考え方を拾い集め、情報量を豊富にして議論し、自分の責任において一つの方針(結論)を導き出し、それを部長にぶつけることだ。その結論が部長と同じかどうかはどうでもよい。重要なことは、もし自分が部長だったらこうする、というレベルの方針(結論)を出すことだ。

(地方銀行役員H・T)

16

「自分の言葉」にしないと、
相手の心には響かない。
部下たちが聞きたいのは
あなたの肉声であって、
誰かが書いた原稿ではない。

部長になった頃、会議冒頭の挨拶原稿を部下に書かせていたら、それを目ざとく見つけた所管役員に、この一言をぶつけられた。

支店長や部長になると、毎月の目標管理会議の冒頭や最後に話したり、期初に部下を前にして今期方針を示すといった機会が増える。

そんなとき、たいして事前準備もしないで、その場の思い付きを適当に話したり（だから以前の発言と齟齬するようなことを平気で話す）、毎回同じことの繰り返しで進歩がなかったり、ひどい場合には、何を言ったかはっきり覚えていないことすらあった。重要な会議の場合は、部下に原稿を書かせていた。そんなことを繰り返していた。

言われて原点に立ち返れば、支店長や部長は、その組織のトップマネジメントとして、自分の「言葉」や「行動」を通して行く先を示し、部下を一丸として力強く導いていく責任がある。この責任を誠実に果たすためには、自分の考えや思いを文字に落とし、「自分の言葉」にして部下に発信しなければならない。「自分の言葉」しか部下の心を動かすことはできない。

部下が聞きたいのはトップの肉声（「私の言葉」）であって、誰かが書いた原稿ではない。責任の重さを改めてかみしめた。

（都市銀行役員K・F）

17

君は考える順番を少し変えたほうがいい。
考える順番は、まず世のため人のため、
次に銀行のため。
「自分のため」は考えない。

営業推進関係の調査役だった頃の話。

銀行全体にそのような雰囲気があったことも確かだが、たとえ失敗しても「これは競合銀行もやっていること」と釈明できるよう、競合する他金融機関のことを徹底調査し、横並びの（保守的な）案ばかり立案していた。

そんなやり方を見ていた、商社マン風の大物所管役員からの一言だ。

その大物役員はこう言った。

新しい企画を考える場合には、それが世（世界や日本）のため人のために役立つかどうか、大きく捉えなければならない。そのうえで、それが銀行のためになるかどうか、銀行の発展につながるかどうかを考える。

競合相手を調査し、そのまねをするのは良いが、その理由が、自分の保身や出世や責任回避のためだとしたら、「自分のため」を第一に考えていることと同じで、全くナンセンスだ――。

思考の順序を教わった大切な言葉だ。

（都市銀行役員T・H）

18

目標管理会議は、
支店の主要メンバーが大勢出席するから、
時間がもったいないと思うだろう。
でも、そこは最高のＯＪＴの場なんだよ。
もったいないなどと考えてはいけないよ。

初めて取引先課長になった頃の話だ。

月一回、一時間半程度かけて開く目標管理会議には、課の部下全員十一人が参加する。部下一人の持ち時間はせいぜい五分かそこらで、数値目標の進捗状況、手持材料と来月の見通し、抱えている問題点や課題、主な成功事例や失敗事例などトピックスを報告するが、あとの時間は他の同僚の話を聞いているだけで時間がもったいない。会議など開かず、一人ひとり呼び込んで報告を受ければ、無駄もなく合理的だろうにと思っていた。

そんなとき、仕えていた尊敬する支店長から言われた。

同僚が報告している内容そのもの、そしてその報告に対して支店長や副支店長や課長が投げかける質問や指示、不調な同僚へのアドバイス、こうしたことのすべてが、自然と聞いている他のメンバーの糧になっている。会議こそは、最高のＯＪＴの場なんだ、と。

確かにそうだ。自分自身も、支店長の指示の出し方など、勉強になっていることも多い。貴重な気付きになった。

このときの経験があるから、部下には、会議の場で多くのことを積極的に学んでいくよう指示している。

（都市銀行支店長Ｙ・Ｔ）

19

パーティーをやると、本音が聞けるよ。

もう二十年近く前の話だ。それまでシステム部門の経験はなかったが、システムベンダーを含め常時百人程度のメンバーが参加し、完成までに三年程度を要する海外システムプロジェクトの総責任者（次長待遇）に任命された。右腕としてシステム経験豊富な調査役がついてくれたから、プロジェクトを進めるに当たっての心配事はあまりなかった。

しかし、十余人のチームリーダーが集合する月一回の進捗会議で全体状況を把握できるとはいえ、参加メンバー一人ひとりが抱えている課題や問題意識などを知る由もなく、会議ですべての情報が報告されているのか、潜在する問題はないのか、隔靴掻痒、正直なところ何となく不安があった。

そんな時、所管する役員（システムのベテラン）から言われたのがこれだ。

二～三カ月に一回くらい、近所で酒やつまみを買ってきて、オフィスのスペースを使ってベンダーを含めたプロジェクトメンバー全員が参加するパーティーを開き、その場で、メンバー一人ひとりを回って酒を注ぎ、「仕事はうまくいってる？ 何か悩みごとはない？」と会話していく。すると、本音が出て、副次効果として一体感も生まれてくる――。

やり始めてみると、確かに効果大だった。貴重なプロジェクト掌握手法を学んだ。

（都市銀行役員K・N）

20

第三章　幹部としての仕事の流儀を学んだ言葉

本部は「仲良しクラブ」ではない。
お互いにもっと真剣にぶつかり合え。
ビジネスは格闘技だ。
勝ちにこだわり、
僅差でも勝ち続けなければならないんだ。

ずっと支店勤めばかりだったが、四十歳になった頃、初めて本社管理部門に転勤になり、次長になった。

しばらくしてつくづく感じたことは、毎日「数字」に追われ、実績で評価される営業店に比べ、本社管理部門の人事評価には基準となる明確な「数字」がないため、上司との対立を避け、根回しを重視して周囲と調和し、波風を立てずリスクを回避しながら無難にそつなく職務をこなしていくような、保身に長けたタイプが評価されやすい傾向にある、ということだった。言わば、「ぬるま湯的な仲良しクラブ」とでもいった感じだ。

そんな雰囲気を感じていた頃、新しく着任してきた管理部門統括役員（後に頭取）が、部長、次長たちを集めて話したのがこれだ。

ビジネスは格闘技だ。勝ち負けがある。十対ゼロで圧勝する必要はないが、僅差でもよいから常に競合金融機関に勝ち続けなければならない。そのためには、競争相手に対し闘争心を燃やし、社内ではお互いに切磋琢磨して真剣にぶつかり合い、喧々諤々の議論を繰り広げ、常に相手に勝る戦略、戦術を練り、成果を上げていかなければならない。ぬるま湯につかっている暇などない。

心に火がついた一言だった。

（都市銀行役員Ｋ・Ａ）

21

このビッグプロジェクトは、
絶対に成功させる。
合言葉は、「高品質・納期厳守」。
これ一つ。

数年の歳月と数百億円の巨額な投資を伴う第三次オンラインシステム（大手銀行が一九八〇年代後半に取り組んだ）の開発プロジェクトに次長として参加した。これは、そのプロジェクトの総責任者を自らかって出た役員の言葉だ。

「高品質・納期厳守」。

この簡単明瞭な言葉の中に、巨大プロジェクトを成功させるために必要となる、総合的な開発計画と投資計画の策定、要員確保と最適な投入タイミング決定、テスト計画の立案と実施、進捗状況および予算の厳格管理、リスク発生時のコンティンジェンシープラン策定、営業店現場のレイアウト変更や新端末機導入、関係者への教育訓練などなど、多岐にわたるすべてのタスクに求められるマネジメント要素の核心部分が表現されていた。

参加メンバー全員がこのシンプルな言葉を脳裏に焼き付け共有し、各人の役割を完璧に果たすよう頑張ったものだ。そしてすべてが計画どおり進捗し、サービスイン（稼働）できた。この時ほど「言葉の持つ力の大きさ」を実感したことはない。

その後、関係会社の代表になり、多くのプロジェクトを立ち上げてきたが、開発開始の際は必ずこの言葉を使い、その結果、手がけたプロジェクトはすべて導入に成功した。あのときの経験とこの言葉のおかげだと思っている。（都市銀行関連会社代表取締役T・I）

22

副支店長は流通業者だ。
書類は、ともかく一刻も早く
俺（支店長）に回せ。
それが君の仕事だ。

新任副支店長時代の頃のことだ。

部下から書類が回ってくると、「これでは支店長には回せない。ちゃんと分析して、もう一度回してくれ」などと、いちいち注文をつけていることが多かった。しかも、書類に目を通すスピードも遅かったかもしれない。

その結果、支店長に回付すべき書類がいつも机上に積み上がり、滞留することが多かった。そんな様子を見かねた支店長から一喝された。

書類は、最終責任者である支店長の指示や方針や結論を待つものばかりだから、副支店長のところで書類が溜まっているようでは、仕事が正常に回らなくなる。課長や担当者は、一刻も早く支店長に見てもらいたいと思っているのだ。

副支店長の役割は、最終決定者である支店長ができるだけ適切かつ速やかに決裁できるよう、支店長の補佐役として「自分が支店長（最終責任者）だったらどのように考えるか」を基準にして必要なコメント（所見）をつけ、手際良く流通業者のように案件を支店長に流していくことだ――。

支店運営の在り方にもつながる教えだった。


（都市銀行支店長A・G）

23

課長は「数字に強い」だけでは足りない。
テリトリーや競合金融機関の動向を捉え、
必要な「先手」を打てる力を
養っておくことだ。

二カ店目の取引先課長だったから、営業手法も身について、日常業務を適切にこなせるようになっていた。部下を指導育成し、時には叱咤激励し、やる気を起こさせて足元の数字を追い、与えられた目標を達成していく。こうした基本的な動きには自信があった。

そんな頃、支店長から、「他金融機関はどんな動きをしているか教えてほしい、また、このテリトリーは今後どう変化していくだろうか、君の意見を聞かせてほしい」、と問われたことがあった。

正直なところ、そうした問題意識は薄かったから、まともに応えることができなかった。これは、そのとき言われたことだ。

取引先課長であれば、競合先に勝つための先手を考えておかなければならない。そのためには、日常業務に加えて、昔からの取引先や、信頼できる不動産業者や官公庁等の情報を定期的に収集し、テリトリーがどのような方向へ向かって動いているか、競合金融機関の動きはどうか、その程度のことは把握しておくべきだ。問題意識を持ち、仕事の付加価値を高めるような動きをしてもらいたい――と。

おかげで、少しは先を見る目が養われてきたと思う。

（信用金庫支店長A・N）

24

似たものばかりを集めてはいけない。
人材の多様性こそが成長の原動力なんだ。

名経営者だった先代理事長からの申し伝え。

組織は、学歴、経歴（得意分野）、能力、着眼点、持ち味（性格）等が異なる多様な人材が集まり、多様な観点の異論がぶつかりあって白熱した議論をすることで、より細やかで妥当性の高い革新性をもった決断が可能になり、より高い成果を上げることができる。人材の多様性こそが成長の原動力だ。

だから、優れた（強い）経営者は、多様性の重要さをよく認識し、理事選任に当たっても、多様性に強いこだわりを持つ。

しかし凡庸な経営者は、類似性を好む人間の一般的な心理的傾向から脱することができず、どうしても相性や学歴や経歴の近いものを選び、多様性より類似性を重んじる傾向が強い。イエスマンを好み、自分と似た者、自分の意に沿うものを選ぶ傾向にある――。

このことは今も、重要な経営哲学として理事たちに共有されている。

（信用金庫理事Ｎ・Ｆ）

25

いい仕事には、栄養分が必要だ。
仕事漬けは感心しない。
上手にオンとオフを切り替える
知恵を身につけろ。

本部の調査役だった頃聞いた、切れ者で内外の評判が高い副頭取の一言。

この副頭取は、業務多忙で休む暇もないほどよく働いていたから、さぞや休日になれば疲れ果てて、ひたすらゆっくり休養しているのだろうと思っていた。しかし実際は、テニスに興じ、クラシック音楽や歴史文学にも通じるなど、レベルの高い趣味を持っていた。オン（公）で最高のパフォーマンスを上げるためには、その基礎となるオフ（私）において常に自分自身をリフレッシュし、明日への英気を養っておく。健康を保つようバランスの良い栄養を摂り適度な運動をする。精神を高めるために絵画、音楽など文化芸術に触れ、読書を通じて学び知性を磨く。そうしたことの重要性を副頭取は話してくれた。

一つの人格の中で、どれがオンでどれがオフかを厳密に切り分けるのはなかなか難しい。しかし、職場を離れても四六時中仕事のことしか頭にないような仕事漬けでは、頭も疲れ切ってしまい、結局のところ創造的でアグレッシブな仕事はできない。オンとオフの切り替えを上手にやって、職場では情熱的に仕事をし、職場を離れたら、趣味やスポーツに打ち込んだり仕事以外のことに目を向け、耳を澄ます。オフで心身ともにリフレッシュし、オンで優れた仕事をする。

メリハリのある日々を過ごすことが大切なのだ。

（地方銀行役員Ｎ・Ｈ）

第四章

営業の基本を学んだ言葉

1

苦手な取引先ほど優先して訪問する。
これが営業の鉄則だ。

融資課の係長だった頃、ベテラン支店長に言われた一言だ。

担当している取引先の中には、どうも馬が合わない先や、社長が偉すぎてつい敬遠しがちな先、あれやこれやと注文が多いため足が遠のく先、着任早々から断り案件があってその後敷居が高くなった先など、さまざまな理由で足が遠のく先がある。

不思議なことだが、こちらが敬遠していると、以心伝心、先方もそう思うようになってしまう傾向がある。その結果、こうした先への訪問はますます減少し、案件材料の有無とは関係なく、自然に、気軽な先への訪問が増えてしまう。

支店長の指摘に、大いに反省させられた。

案件や材料は、自分の好き嫌いで分布しているわけでなく、苦手な先にも等しく分布している。だから、放っておくと訪問頻度が減ってくるような苦手な先ほど、意識して訪問を優先するよう心がけるべきだ。訪問回数が増えてくれば、そのうち親しくなり次第に苦手でなくなってきて商機も増えてくる。

訪問頻度を管理し、バランスよく訪問することの大切さを学んだ。

（地方銀行支店長S・T）

2

取引先と向き合う時には、
給料日のことを考えなさい。
給料日はサラリーマンには待ち遠しいが、
経営者にはすぐ来る。
この差をしっかりと頭の中に
入れておくことだ。

入庫早々の頃、取引先と向き合う際の基本を教えてくれた、理事長の一言。

給料をもらう方は、もらったその日から翌月の給料日までが実に長く感ずる。しかし、給料を支払う側の経営者は、当月の給料支払い日にはもう翌月の給料日の資金繰りを考えなくてはならない。

もらう方と払う方とでは、同じ一カ月でも時間の感じ方が全く違う。サラリーマンと経営者は、資金繰りについて全く異なる時間感覚を持っている。

だから、取引先と向き合う時には、常に払う側（取引先経営者）の立場に立っておカネのことを考えるような思考習慣を身につけておかなければならない。融資なら、できるだけ早く結論を出す、断るようなら最速で結論を出す。

振込なら、一日遅れれば受け取る側の資金繰りに影響することを頭の中に入れて処理する。おカネのことは何一つ間違ってはいけない――。

取引先との向き合い方の基本を、分かりやすく教えてくれた言葉だ。

（信用金庫支店長Ｅ・Ｓ）

3

君は、取引先と話をしている時、
よく知りもしないのに、
あたかも知っているかのように、
「ああ、そうですよねえ」などと
軽く相槌を打つことが多いが、
あれは止めたほうがいい。
だんだん情報が入らなくなるし、信頼も失う。

支店長になったばかりの頃、営業担当役員に言われた。

そんなことを繰り返していたら、取引先から、「よく知りもしないのに、知っているふりをするとは、あまり上等な人間ではないな」とみられ、積極的に話をしてくれなくなり、次第に信用を失っていくから注意した方がよい、と。

言われてみると確かに、取引先と会話をしていて、内容がよく分かっていないのに、あるいは、ほとんど知らないのに、知った顔をして「ああ、そうですよねえ」と軽く相槌を打っていることが多く、それが口癖になっていることに気付いた。

知らないこと、分からないことは素直に教えてもらえばよいのに、支店長たる者、何でも知っているような顔をしていたほうがよいとでも思っていたのかもしれない。

翻って、部下や同僚の中にも、知らないだろうからと親切に教えてやったのに、「そうですよねえ」などと物知り顔して軽く相槌を打つ者がいるが、決して気分のよいものではない。そのうち、積極的に何かを教えてやろうという気にならなくなってくる。

知らないこと、分からないことは素直に教えてもらえばよいのだ。


（地方銀行支店長S・T）

4

第四章　営業の基本を学んだ言葉

営業成果は、バランスのとれた
訪問頻度管理と、
無駄のない訪問順序次第だ。
汗を流す前にしっかり知恵を働かせろ。

入社二年目、担当先を訪問する取引先課に配属になった。担当テリトリーは店周、高密度狭域だが遠方の重要先も相応にある。

どんな先をどんな順序で訪問するか、概ね前任者のやりかたをそのまま踏襲していた。集配金先も多く、突然電話がかかってきて訪問しなければならない先もあり、結構忙しくて、正直なところ訪問先の重要度や訪問順序（道順）など大して考えたこともなかった。

これは、配属されて二〜三カ月経った頃、課長から言われた一言だ。

一日の使い方は、訪問頻度管理と訪問順で決まるから、取引先の重要度をよく考えて訪問計画を組め。訪問順序も、常に次の訪問先に最短距離で移動できるよう地図を見ながら決めろ。これが基本だ。

そうした目で見直すと、歴代担当者の「クセ」や「好み」で習慣化されている（無意味な）訪問先があったり、重要先なのにほとんど訪問していないような先もある。集配金先に対して、回数を減らせないか交渉したことなど一度もない。訪問順も必ずしも合理的ではない。いろいろなことが分かってきた。

営業活動の基本中の基本を教わった貴重な一言だ。

（地方銀行役員H・N）

5

焦るな。遠回りのように見えても、
営業成果を上げる近道は、
金融が果たすべき本来の役割を
地道に果たすことだ。
この基本ができていなければ、
セールスがうまくいくはずはない。

入社三年目の頃、ベテラン取引先課長（後に副頭取）がしてくれた話だ。目先の営業目標を達成しなければならないから仕方がないといえばそれまでだが、君たちの毎日の営業活動はどうしてもセールス中心の活動になり、取引先の事情よりこちらの事情を優先するような活動になってしまっている。

これを毎日繰り返しているから、取引先への理解は深まらないし、取引先の真の信頼を得ることもできない。金融のプロとしてのスキルも育たない。

しかし、営業成績を上げる前提は、取引先から信頼を得ていることだ。そのためには常日頃から、取引先を訪問したら、こちらが持っている最新の金融状況や同業者情報を伝えたり、取引先から売上や資金繰り状況、商売の先行き見通しを聞いたり、悩みを聞いたり、経営者や従業員個人の金融ニーズを聞いたり、要は、金融のプロらしい基本的な役割をきっちり果たすような活動をしておくことだ。

遠回りのように見えても、営業成果を上げる近道は、金融機関の役割を地道に果たし取引先の信頼を得ておくこと――。

誠にそのとおりだと思う。

（地方銀行支店長Ｋ・Ｍ）

6

交渉力や提案力も大事だが、
もっと大事なことは、その後の対応や
事務処理の「正確さ」だ。
決め手が「執行の正確さ」であることを、
片時も忘れてはならない。

支店を二つ経験し、三場所目で大企業相手の本店営業部に転勤になった。その時に部長から言われたことだ。

メガが強い海外におけるサポート体制を除けば、どの金融機関も、国内で提供している商品やサービスはほぼ同じだから、提案力に大きな差は出ない。大企業取引部門には優秀な人材を配置しているのが一般的だから、交渉力にも差異はない。

しかし、複数金融機関と取引している企業側（大企業の財務部長や経理部長、担当者）からみると、それぞれの金融機関には固有の「個性」があり、担当者が交替してもその「個性」はほとんど変わらないという。それは、取引上発生するさまざまな業務や事務を執行（処理）する際の正確性や迅速さのレベルだ。

どんな種類の業務や事務も、いつでも「正確・迅速」に対応し、ミスゼロで安心して取引できる金融機関がある一方で、いつもとちょっと違うようなことを頼むと必ずミスをしたり、約束したことを忘れてしまい期限に遅れることが多く、今ひとつ信用を置けないところもある。この「差」が各金融機関固有の「個性」になっているという。

交渉力や提案力は大事だが、その後の対応や事務処理の「正確さ」はさらに重要であることを学んだ貴重な一言だ。

（都市銀行部長A・K）

7

君は「あの先は訪問しても案件は出てこない」と決め込んでいるだろう。しかし、取引先の状況は、刻々と変化しているんだ。既存先だって、定期的に見直して掘り起こしておかないと、チャンスを逃がすぞ。

三カ店目だった。業績向上を図るため、既存取引先の中から「これは」と思う先を抽出し、掘り起こす打合せをしているとき、支店長に言われた話だ。

既存取引先の中には、他金融機関が主力のため手も足も出ないと決め込んで、本気で営業工作をかけたことがない先、取引歴は長いのに残高少額で訪問対象になっていない先、一～二年前に設備資金を出し約定返済中でその後のフォローが十分できていない先、長年の主力先で安心しきっていて訪問活動が少なくなっている先、低格付け先、有力非債務者法人、有力外郭団体――など、日頃の営業活動が比較的手薄になってしまいがちな取引先があるものだ。

しかし、取引先の事業の状況や資金需要動向は刻々と変化しており、新たなニーズが発生していることも多い。だから、「あの先は訪問しても材料は出てこない」と決め込んで訪問工作が疎かになっていると、急に他金融機関が入り込んでいたり、大きなチャンスを逸することもある。そう注意喚起してくれた。

実践ですぐに役立ち、今でも活用しているありがたい教えだ。（地方銀行支店長M・H）

8

主力先が肩代わりされたというのに、
その原因も調べてないのか。
やむを得ない肩代わりなんてないぞ。

融資課長だった頃、主力先が競合先に肩代わりされたことがあった。「他行の低金利攻勢に対抗できなかったからやむを得ない」と簡単に済ませていたら、営業の神様と言われた支店長からの重い一言。

金融機関は、二〜三年に一回の定期的な異動によって、取引先への理解が深まり親密化が図れた頃になると別の支店や部門へと転勤するから、取引先との心情的な関係性は比較的薄い。

しかし取引先は、長期政権のオーナー経営者が多く、経理や財務担当者も十〜二十年と同じ部門に在籍する場合が多いから、金融機関との長年の取引の歴史、来歴（創業期にお世話になった、苦しい時支援してもらった、冷たくされた…）を記憶していて、金融機関との取引関係を、経済合理性以上に「ウエット」に保守的に捉えている。だから、特にメインバンクを変えるような場合には、金融機関が想像する以上の苦渋の決断を強いられることになる。金利だけで簡単に主力を移すようなことなどほとんどない——。

メインバンクの肩代わりには、よほどの理由や問題があるのだ。その原因や要因を徹底究明し、反省点を学習し営業ノウハウに蒸留していかなければ、営業に進歩はない。そのことを学んだ。

（地方銀行支店長S・H）

9

今期目標は二（八）月には目途をつけ、
三（九）月からは次の期の戦いに入る。
これが、業績を向上させる秘訣だ。

取引先課の課長だった頃、ベテラン支店長がこれを口癖のように言っていた。

目標管理の区切りは四月〜九月、十月〜三月。新しい目標はそれぞれ三、九月の中旬くらいに示される。しかしこの時期は、今期の着地に向けて最後の追い込みをしている一番重要な時期と重なるから、正直なところ来期のことなど考えるゆとりはない。来期のことは四（十）月に入ってから考えよう、ということになる。

ところが、四（十）月は前期関連の諸報告と今期目標の担当者へのブレークダウンや施策策定作業などで相当忙しいから、営業に一〇〇％の力を割くことはできず「休戦」状態となり、本格的活動はどうしても五（十一）月からとなる。結果的に、目標達成は「五カ月間の戦い」ということになってしまう。これを毎期繰り返している。

この（悪）循環から抜け出すには、各期を三〜八月、九〜二月と捉え一カ月先にスタートさせるよう支店経営することだ。二（八）月も終盤になれば相当の精度で今期着地見込みを予想できるから、それを追い込みながら三（九）月から新しい期へ向けて助走を始める。こうすると気持ちのうえでゆとりを持てる、と。

今、これを実践している。

（地方銀行支店長M・N）

10

審査の肝は、取引先の「事情」をつかむことだ。

審査部係員だった頃、主力先で年商五億円ほどの小売業者に対する新規融資の稟議書を上げたら、ベテラン審査次長が言った。

本件は、経常的な資金需要と異なるニューマネーのニーズだ。財務分析結果と担保余力だけをみて「融資可」とするのは早計だ。資金需要の背景にある訳（理由）や原因は何か、その結果、資金繰りはどうなるのか、その「事情」をもう少し詳しく書いてくれ。

特に、財務数値が少額な中小・零細企業の場合には、業況や経営方針のちょっとした変化で事業に大きな影響が出るから、新たな資金ニーズや新たな相談ごとを受けた場合には、たとえ財務内容や担保力があったとしても、必ずその背景にある訳（理由）や原因、現在の状況を納得いくまで詳しく問い、取引先の「事情」を知ることが大切だ、と。

審査で「事情」とは、それまであまり馴染みのない言葉だったが、言い換えれば、もっと取引先に「肉迫」しろ、ということだと理解した。

「事情」。融資判断に際し、取引先の「事情」を理解しておく。いい言葉だと今でも心に残っている。

（地方銀行支店長S・H）

11

取引先に「問いかけ」、
数値の「もと」になっている
実態・実像を知らなければ、
何も分からない。
審査も営業も、
基本は「問いかける力」だ。

二カ店目の時、百戦錬磨の融資課長に言われた一言だ。

表面的な財務諸表の数値分析だけで取引先を理解することはできない。取引先を理解しようとすれば、自分の趣味に向かう時と同じように、取引先に興味を持って「問いかけ」、数値のもととなっている、売上や仕入の詳細内容、キャッシュフロー、コスト構造など事業の骨格を理解しなければならない。

業歴や保有設備や従業員のスキル、株主構成、経営手腕、経営者やその一族の背景資産、従業員取引の状況といった定性的な情報も、「問いかけ」収集し取引先の全体像を幅広く把握しなければならない。取引先が持っている金融ニーズは何かを「問いかけ」、率直な生の声に真摯に耳を傾けなければならない。

訪問のたびに少しずつ「問いかけ」理解を深めていく。すると次第に取引先の実態やニーズが分かってくるし、信頼関係も増してくる。

審査も営業も、その基本は取引先に「問いかけ」、取引先を理解していくことから始まるのだ、と課長は言った。

「問いかける力」が審査力や営業力の基本。今も、私のやり方の基礎になっている。

（都市銀行支店長T・I）

12

継続案件だからといって、前期比較しただけで簡単に結論を出してはいけない。

若いころ、融資稟議に対して支店長から言われた言葉だ。

前期比較した最新の決算書の財務分析を済ませ、特に気になるような点もなく、また、同額折返し資金でもあったので、「問題ないので継続したい」と結論を出した。しかし支店長からは、「この業種で、この時期にこの売上高は高すぎないか。時系列でみないと実態は分からないから、主要勘定を三期分、細かく時系列で分析して、もう一度回してくれ」と指示された。

その指示に従って、三期前から主要勘定科目に関して時系列の分析を加えてみた。すると、この一～二年同業者は苦戦しているのに、同社の三年間の売上高、売上原価・在庫、粗利益、粗利益率はほとんど動かず安定していることが分かった。不思議に思い、取引先にその理由をヒアリングしたところ、逡巡の後「前々期あたりから売上が伸びず、在庫負担が急に増えて資金繰りが厳しくなってきていた。このカネが出ないと資金繰りが行き詰る可能性があるので、数字に手を加えた」と深刻に語りだしたのだった。

同額継続のような反復的融資案件であっても、業種によっては少なくとも三期程度は時系列で詳細をチェックし、納得できない点があれば経営者に疑問をぶつける必要がある。審査の基本を学んだ。

（地方銀行支店長M・K）

13

財務分析はこれでいい。
だが、「売上総利益」の中身を
簡潔明瞭に説明できないようでは、
まだ審査は一人前ではない。

二カ店目の時、融資のベテラン課長から言われた。

財務諸表の数値分析は得意だった。課長に取引先の財務内容を手みじかに説明したら、売上総利益の中身、つまり、何を、どんな価格で、どんな先に、どんな方法で売っているのか、売掛期間はどの程度か。何を、どんな価格で、どんな先から、どんな方法で、どの程度仕入れているのか、どのような在庫がどの程度あって、どのくらいの期間で回転しているのか、買掛期間はどの程度か。それを説明しろと言う。

衣料品小売業で子供服を中心に販売していることは知っているが、何歳児が得意で、種類（アイテム）数がどのくらいあるのかなど細かい中身までは知らない。仕入先も、付属明細を見れば分かるが、リアルな実態をイメージできない。売上債権や支払債務の回転期間や収支ズレは財務分析で分かるが、サイトを経営者に直接聞いたことはない。現在の在庫状況も分からないし、商売の中身とそのキャッシュフローが目に浮かんでこなかった。

ついつい財務数値優先、数値頼りになっていたが、取引先の商売の骨格である「売上総利益」がどのように生まれ、それはどのように現金化しているのか、取引先の事業内容を具体的に理解しておくことの大切さを教えてもらった。

（地方銀行支店長Ｔ・Ｎ）

14

課長や支店長を活用するのもいいが、
ここぞという時には、
気軽に本社の役員を動員して、
トップセールスを仕掛けることだ。
使えるものは何でも使え。

三十歳少し前の頃、取引先課で新規開拓をしていたころ、本店から転勤になってきた課長の一言。

他金融機関と競い合いになって新規融資案件が行き詰まったり、新規開拓で最後のひと押しが必要だったりした場合、まずは課長や支店長に動いてもらい局面を打開しようとする。だが、それでもうまくいかない場合には、諦めることが多かった。恥ずかしい話だが、所管役員や頭取をうまく活用することなど思いつかなかったし、役員等による営業サポート体制が制度化されていることすら知らなかった。

所管役員に状況を説明し、できれば競合先とは一味違った提案も添えて動いてもらう。うまくいけば、後日お礼の訪問もしてもらう。特に、営業が得意の役員などは、新しい切り口なども交えて話術に優れ、交渉上手だから、うまくいくことが多い。こちらも勉強になる。

(言い方は悪いが)使えるものは何でも使い、社内の持てる力を総動員して営業推進を図っていくという大きな動き方に目覚めた。

(地方銀行支店長Y・M)

第五章

部下との関係を学んだ言葉

皆さんは、
部下との関係は「上下関係」だと
思っているでしょうが、
本当は、「信頼関係」なんですよ。
「信頼関係」があれば、
チームは強くなります。

本部次長時代、部下から慕われていた名役員の一言。

他者との関係性を考える時、「信頼（信じて頼る）関係」を構築しようとするなら、まずは自分が、担当職務を正確・迅速にこなし、約束は必ず守り、相手の安心感と信用を得るよう努力し、相手の声に耳を傾け、正直に誠実に接しようと努力する必要がある。

そのようにしてひとたび相互に信頼関係ができたら、今度はその信頼関係を壊さず維持しようと、お互いが良い意味で緊張感を持って努力するようになる。

その結果、信頼関係のある関係者間においては、お互いに本音で会話でき、意思疎通がスムーズになって無駄がなくなり、効率が上がって何事も総じて円滑にいき、高い成果や結果の出ることが多くなる。

部下との関係も、指示する側、指示される側という「上下関係」ではなく、この「信頼関係」が構築できれば、間違いなくチームは強くなる。その役員はそう話してくれた。

「上下関係」は「足し算」、時に「引き算」になるが、「信頼関係」は「掛け算」かもしれない。

大事にしている言葉だ。

（地方銀行支店長H・T）

2

部下に対しては、
「もっと考えてくれ」と
突き放すのではなく、
「一緒に考えよう」を
口癖にしなければいけない。

初めて支店長になったとき、先輩支店長に言われた言葉だ。この言葉の背景には、その先輩支店長のこんな経験があったという。

その先輩支店長が副支店長だったときのこと。仕えた支店長は、どんな書類を回してもしかめっ面をして「もっと考えてから回してくれ」。考え抜いて再度回しても、「もっと考えてくれ」。これが口癖だったそうだ。判断能力が無いからか、単なる意地悪なのか、あるいは両方なのか、ともかく仕事が前に進まない。部下はイライラするし取引先からもクレームが来る。それでもなかなか結論を出さない（出せない）。そんな人だったという。

よくもまあそんな人間が支店長になったものだと呆れるが、取り立ててくれた役員が支店を訪問した時などは、あからさまにしっぽを振ってもみ手して従順になる。見苦しい限りで、責任は部下に転嫁し、目先の出世だけを追い求める典型的な小人物だったという。

部下たちは、「とても真面目にやってられない、一刻も早くどこかへ転勤してほしい」と心から願っていたそうだ。

これほどひどい支店長はそういないと思うが、その先輩はこの支店長を反面教師として多くのことを学んだという。その一つが、私が言われたこの話だ。この先輩の話は私の印象に強く残り、私にとっても大切なモットーになっている。

（都市銀行支店長T・I）

3

部下にだけ「できる人」を求めるのは
間違っている。
上司たる君も
「できる人」でなければならない。

課長時代、ぜひ「できる人」を部下に配属してほしいと、支店長に頼んだことがあった。そのとき言われたのがこの言葉だった。

「できる人」とはどんな条件を満たす人だろうか、そのとき考えてみた。

第一に、部下の立場であれ、上司の立場であれ、何はさておき、どんな種類の仕事にも誠心誠意、熱心に取り組み、期待する成果を出し「任せて安心」なこと。

第二に、同じ目的や目標に向かって仲間と調和し、共に盛り上げていく共感性（人格、見識、道徳感、正義感など）や共に働く安心感（信用できる）があること。

そして、上司の立場にはもう一つ、部下との間に信頼関係を築き、目標に向けてチームを一丸として牽引する先見性やリーダーシップが必要だろう。

とかく部下にだけ「できる人」を求めがちだが、求める自分（上司）も、部下の範となるような「できる人」でなければならないことを気付かせてくれた一言だ。

（都市銀行支店長M・S）

4

「部下の落ち度は自分の落ち度。
部下が困っていれば自分の責任で
速やかに解決する」
この当たり前のことを、
上司は淡々と行動で示すことだ。

大企業担当部長だった頃のことだ。

取引先との交渉事で行き詰まったり、事務ミスなどが生じて相手を怒らせたりして助けが必要になったときなど、困った顔をして担当役員（後に頭取）に相談に行くと、いつも平常心で「どうした？」と気軽に話を聞いて相談に乗ってくれ、対応が必要ならすぐに動いてくれた。その役員からは常に、「部下が困っていることは、自分の責任で速やかに解決しよう」という心意気が感じられ、だから、いつも安心して仕事に取り組むことができ、大変ありがたく、やりやすかった。

その役員に言われた一言だ。

上司が部下の責任を取るのは当たり前のこととは言え、面倒なトラブル対応や難航する交渉事に引っ張り出されるのは正直なところ嫌だ。それが人情である。

だから、私もそうだったが、大概の上司は、部下が困り果てた顔をして相談に来ると、迷惑だとばかりしかめっ面をして、いやいや話を聞くような態度になる。上司がそんなだから、相談する方も構えてしまい、事前準備に時間をかけたり上司のご機嫌のよい頃を見はからったりで、仕事が円滑に回らなくなる。

上司の本来あるべき姿を学んだ貴重な一言だ。

（都市銀行ＯＢ　Ｅ・Ｔ）

5

第五章　部下との関係を学んだ言葉

君は、報告しない部下を
叱ってばかりいるが、
部下に「何か困ったことはないか」と
聞かない方も悪いんだ。
管理職はそこまでやらないといけない。

課長時代、仕えた支店長の一言。

当時も今も変わらないが、他金融機関と競合していた融資案件が獲得できた、長年の新規工作先の口座がやっと獲れた、などの良い情報はすぐに耳に入ってくる。それに引き換え、ミスをしてお客様を怒らせた、社損を醸しかねない重大なトラブルが起きた、といった悪い情報は、本来なら即刻の対応が必要だから、特に早く耳に入るようになっていなければならないのに、こじれて傷口が広がってから報告されることがしばしばある。

だから部下には、「何か困ったことが起きたら、ともかく一刻も早く報告するように」と、日頃から繰返し指示していた。だが、支店長のこの一言で、管理職たるもの、報告を待っているだけでは不十分、ということに気付かされた。

部下がいつもと違って何か不安げな顔をしている、何か言いたそうな雰囲気がある、いつもより元気がない。いつもと違って、メールや電話の対応に相当の時間をかけている、目標の進捗状況が普段より著しく悪い——。こうした、「いつもとちょっと違うな」という気づきがあれば、「何かあったのか」と声をかけてやり、報告を促してやる。

日頃から部下の動きに関心を持ち、「気付き」の感度をあげておく大切さを学んだ。

（地方銀行支店長T・Y）

6

君は、「部下には横暴で、上司には阿る（おもね）」やり方が行き過ぎている。傍から見ていて見苦しい。

本部の次長になってしばらく経った頃、尊敬している役員から言われたありがたい一言。赤面し、我に帰った。よくここまで言ってくれたと感謝している。

若い頃は、「横暴」と「保身」を身上とするような上司を見ると、心底から軽蔑し、「実力がない（仕事ができない）から部下に横暴になり、上司に阿るようになる。自分は決してそんな人間にはならない」と心に決めていたものだが、昇進していくに従って次第に謙虚さが薄れ、憎上慢（編者注：自分を過信して、思い上がること）になってきていたのだと思う。

案件がうまくいかないと、適切な指示も出さず、部下を徹底的に叱責し追い込んでいく。異論を唱える部下がいれば、理由を詳しく聞こうともせず抑え込む。その一方、担当役員にはともかく気を使って、意に沿うよう最大努力していた。

今にして思えば、部下にとって恐らく最悪の上司だっただろうし、周囲からも、「あのやり方は何だ」と軽蔑されていただろう。

歳をとってから仕事のやり方を変えるのは大変だったが、セルフコントロールし、自己改造に取り組むことができた。

（地方銀行役員K・Y）

7

支店長になったら、

「指示を出してついてこさせる」

のではなく、

「その気にさせて引っ張っていく」。

意識的にそうした方が、
支店経営はうまくいくよ。

「俺に黙ってついてこい」スタイルで率先垂範してやってきて、実績を挙げ評価されて支店長になった。

課長や副支店長時代には、部下の反応が悪いとまどろっこしくなって、「このとおりやれ！」「言われたとおりやればよい！」と高圧的に指示をしていた。部下がどうしようかと迷い考えていると、その時間がもったいないとイライラして待ち切れず、短気になってつい指示を出した。その繰り返しだった。

支店長になりたての頃、私のそんな姿を知っていた先輩支店長が言ってくれた。

支店長になったら、目標を達成し業績を向上させていくプロセスで、部下一人ひとりの個性や能力を見抜き、それをうまく引き出して強い後進を育成すること、「支店」というチームを同じ方向へ向け、その先頭に立って突進していく強いリーダーシップを発揮すること。この二つの重要な役割が加わる。

時にはトップダウンが必要になることもあるが、普段は、多少回り道のようにみえても、課題や問題が出てきたら自由闊達に部下と議論し、サポートしてやり、部下が納得してついてくるようにする。チームはそのほうが優れたパフォーマンスを発揮できる、と。

支店長のありかたを学んだ一言だ。


（地方銀行支店長Ａ・Ｊ）

8

支店長になったといっても、
分からないこと、自信がないこと、
足りないところはいくらでもある。
だから、足りないところは、
部下の力を活用し補ってもらうことだ。

支店長になった時、役員から言われた。

多くの者は、支店長になったその日から、自分にはもともと支店経営に求められるすべての実務能力、管理能力、リーダーシップ、そのうえ人格識見まで十分に備わっていると勘違いしてしまう。挙句に、過去に経験したこともなく、全く自信のない業務分野に対してさえ、物知り顔をしてピントのボケた（もちろん当人はピントが合っていると思い込んでいる）指示を出して部下を困惑させ、混乱させることもしばしばある。

支店長になった途端に、万能のお山の大将のようになってしまう。しかし支店長だって、自分が経験豊富な分野以外は苦手分野だ。だから、苦手分野に関しては、素直になって部下の力を存分に発揮してもらうようにすればよい。その方が支店経営はうまくいく。

肩肘張らず、足らざるところは謙虚に、部下の力を活用し補ってもらう——。

より適切な支店経営をしていくうえで一つの拠り所になっている一言だ。


（地方銀行支店長H・O）

9

君の怒り方はまずい。
あれでは部下がついてこなくなるし、
育たない。
怒る時は、必ず「その理由」「いつまでに
どうしてほしいか」を具体的に話せ。
怒った後は、
ほめる種を探して明るくほめ、
意識してフォローしろ。

課長時代のことだ。

もともと怒りっぽい性格だった。それに、私自身が上司からずいぶん怒られ、そのおかげで育ったという思いもあって、部下の仕事がうまくいかないと、ついつい厳しく怒鳴ってしまう。怒り始めると、次第に話が抽象的になって来て、怒りが新しい怒りを生んで止まらなくなる。これ以上怒っても意味がないと分かっていても、ついつい必要以上に怒ってしまう。その後、特にフォローもしない。

そんなとき、支店長から注意された。

君のように打たれ強い人間はそういないもんだよ。大概の部下は、怒られれば委縮し、つらく心がへこむ。翌日以降に尾を引いてしまい、そんなことを繰り返していたら、そのうちやる気さえ失い、仕事に打ち込めなくなってしまうことだってある。だから、怒る時は、必ずその理由を具体的に示し、いつまでにどうしてほしいかを伝え、そして、怒った後はちゃんとフォローしろ、と。

その後、意識してそうするようにしてきたが、支店長になった今、若手の気質もずいぶん変わってきている。なお一層、この言葉の重要性が増してきていると思う。

（都市銀行支店長M・W）

10

支店経営に欠かせないのは、店内のコミュニケーションを活発にすることだ。そのコツは、オネスト（HONEST）、オープン（OPEN）、ツーウェイ（TWO WAY）、の3つ。

支店長になった時、部下に慕われ立派な実績を残した先輩支店長に、「支店経営の留意点」を問うた。そのとき言われたのがこれだ。

チームワークには円滑なコミュニケーションが欠かせない。一人ひとりが、他人の声に耳を傾け、自分も主張する。こうした支店内のコミュニケーションが上下左右自由闊達に行われ活気に満ちていると、不思議に支店全員の意識が高揚してきて「やる気」も出てくる。

コミュニケーション活性化のコツは、お互いに誠実に（HONEST）、心を開き（OPEN）、双方向（TWO WAY）、ということだ。

隠し事をせず正直に自分の意見を述べる。

心を開いて相手の話に耳を傾ける。

お互いに五分と五分、双方向で意見交換する。

支店長が率先し、チームメンバー全員がこの三つを守れば、コミュニケーションは概ね順調にいく。それが部下の「やる気」の土壌となり業績伸展の底力になる——。

いま、これを実践している。

（地方銀行支店長M・M）

おわりに

近代セールス社の飛田浩康出版部長から本書の企画について話を聞いたのは冬の終わり頃だった。

すでに「この一言」的な書籍は数多く出版されており、調べてみたら私の蔵書にも十冊近くもその種の書籍があり、新たに同種の書籍を出版して果たして多くの読者に役立つようなものができるだろうか。当初は、正直なところそのような感想を持った。

だが、「職場で実際に発せられたリアルな言葉を収集してほしい」という飛田氏の熱い思いを噛みしめてみると、これは、すでに出版されているような、古今東西の文学者、芸術家、兵法家や哲学者や、立志伝中の経営者や誰もが知っているような定評のある有名人が発した（残した）至言や格言や言葉とは一線を画すものだし、金融機関に勤務する多くの人たちの執務や実務・実践にそのまま参考になるのではないか、と賛同し、それならば、とお引き受けしたものである。

引き受けたはいいが、やり始めてみると、この企画は、たくさんの方とお会いしお話を伺う取材作業に他ならないから、思いのほか時間がかかり負担も大きかった。しかし、そのおかげで、旧知の方々に久しぶりにお会いして昔話に花を咲かせたり、その方々からのご紹介などで初めてお目にかかれる機会を得た皆さまからは、最新の金融機関の状況をお聞きして多くのことを学ぶこともでき、編者冥利に尽きる経験をさせていただいた。苦労は多かったが、充実した時間を過ごすことができた。

末筆ながら、「言葉（一言）」の収集にご協力いただいた皆さま、編者にさまざまなアドバイスをしていただいた飛田氏に心よりお礼を申し上げる。

編者

〔編者紹介〕

大内　修（おおうち・おさむ）

1947年5月静岡県生まれ。70年3月中央大学卒業、三菱銀行（現三菱東京UFJ銀行）入行、青山支店業務課長、事務部次長、人事部次長、深川支店長、支店第三部長、業務開発部長、理事個人部長などを歴任。98年5月同行を退職しダイヤモンドリース（現三菱UFJリース）入社、取締役企画部長、常務取締役企画部長を経て、2003年3月から（株）三菱電機クレジット代表取締役、07年3月（株）MMCダイヤモンドファイナンス代表取締役、12年6月退任。
主な著書に、『金融マンが書いた中小企業のための経営の勘所八策』（近代セールス社）、『これが支店長の仕事だ』（同）などがある。

銀行員・信金マンの
人が育つ言葉

2014年10月2日　発行

著　者――大内　修
発行者――福地　健
発　行――株式会社近代セールス社
〒164-8640　東京都中野区中央1-13-9
電話（03）3366-5701
FAX（03）3366-2706
装　丁――今東淳雄（maro design）
編　集――飛田浩康
印刷・製本　株式会社木元省美堂

ISBN978-4-7650-1256-0

◆大内　修の本◆

これが支店長の仕事だ
~勝つための営業店づくり

定価：1,600円（税別）

大手都銀で要職を歴任した著者が、支店経営の要諦を整理し、支店長としてなすべき責務と行動についてまとめました。現役支店長はもちろん、これから支店長を目指す皆さんにも必読です。

金融マンが書いた
中小企業のための経営の勘所八策

定価：1,600円（税別）

繁栄と成長を持続する企業の条件とは？　多くの中小企業を見続けてきた経験を踏まえ、名社長と呼ばれる経営者が実践する８項目の「経営の勘所」を紹介。企業を見る目、経営者を見るが育つ一冊。